季刊 考古学 第4号

特集 日本旧石器人の生活と技術

●口絵(カラー) 先土器時代の集落跡 静岡県広野北遺跡
　　　　　　　約4万年前の石器文化 宮城県座散乱木遺跡
　　　　　　　骨器・牙製品など
　(モノクロ) ナイフ形石器の編年
　　　　　　 尖頭器の編年
　　　　　　 細石器の編年と使用例
　　　　　　 黒曜石製石器の使用痕

旧石器時代の技術 ──────────────── 加藤晋平 (14)

後期更新世の自然環境
　植物相 ─────────────────────── 辻誠一郎 (17)
　動物相 ─────────────────────── 長谷川善和 (21)
　地形環境 ────────────────────── 杉原重夫 (25)

旧石器研究の動向
　日本の前期旧石器文化 ──────────────── 岡村道雄 (29)
　アジア地域の中期旧石器文化 ────────────── 松本美枝子 (33)

旧石器人のイエとムラ
　住居とピット ──────────────────── 鈴木忠司 (37)

石器の製作技術と使用痕
　縦長ナイフ形石器の製作 ─────────────── 安蒜政雄 (43)
　国府型ナイフ形石器の製作 ────────────── 松藤和人 (47)
　黒曜石の使用痕研究 ─────────────── 岡崎里美 (51)

石器のかたちとはたらき

台形石器	小畑弘己	(56)
尖頭器	大竹憲昭	(60)
細石器（九州地方）	橘　昌信	(64)
細石器（本州地方）	鈴木次郎	(67)
細石器（北海道地方）	木村英明	(70)

◆口絵解説

静岡県広野北遺跡 ──────── 山下秀樹　(59)

最近の発掘から

縄文草創期の住居址　東京都秋川市前田耕地遺跡 ── 同遺跡調査会　(73)
飛鳥時代の回廊建物　奈良県桜井市山田寺跡 ──── 川越俊一　(75)

連載講座　古墳時代史

4. 5世紀の地域勢力（1） ──────── 石野博信　(81)

講座　考古学と周辺科学　4

形質人類学 ──────────── 平本嘉助　(87)

書評 ──── (92)
論文展望 ──── (94)
文献解題 ──── (96)
学界動向 ──── (99)

表紙デザイン／目次構成／カット
／サンクリエイト・倉橋三郎

先土器時代の集落跡　静岡県豊田町 広野北遺跡

天竜川左岸の磐田原台地西縁近くに位置する、先土器時代のナイフ形石器群を中心とする広野北遺跡では、広範囲の調査が実施できたため、遺構群の配列や土坑群の検出、遺構群の単位性の把握など、集落研究のうえで大きな成果をおさめた。

　　　　構　成／山下秀樹
　　　　写真提供／平安博物館

上：礫群の分布状態（第Ⅳ層）
ほぼ平坦な段丘面の浸食谷寄り（右側）に多くの礫群が分布する。右下隅の白っぽい部分は、本礫群に伴う土坑の確認状態である。この面の精査によって、写真の範囲からさらに4つの土坑が検出された。

中：礫群と配石のセット関係（第Ⅴ層）
第Ⅴ層（B.B.）では赤化破損した礫の凝集する礫群と、非赤化完形の礫が数点集まる配石が隣接して発見されることが多かった。写真右半上・下が礫群、左隣に数点分布するのが配石で、左下半の円形の白色部分は第Ⅳ層から掘り込まれたと思われる土坑である。

下左：第Ⅴ層の礫群
第Ⅴ層の礫群には、赤化していてもあまり破損していないものと、小片に破損してしまっているものが認められた。

下右：土　坑
土坑の確認状態は非常に明瞭である。長径100×短径90×深さ100cmくらいの大きさで、壁は垂直に近い。第Ⅳ層から掘られている。

約4万年前の石器文化

宮城県では1975年から石器文化談話会によって、本格的な旧石器時代研究が開始された。そして、座散乱木遺跡の第3次調査によって、日本の歴史が約3万年以上前の前期旧石器時代に遡ることを明らかにしたのもその一成果である。なお、宮城県内には仙台市の山田上ノ台遺跡や北前遺跡をはじめ、すでに20ヵ所以上の同時代遺跡が発見されている。

　　　　　　　　構　成／岡村道雄
　　　　　　　　写真提供／石器文化談話会

座散乱木遺跡の全景　厚い火山灰におおわれ、平坦な丘陵上に立地する

11層上面で確認された土壙墓(?)　後期旧石器時代初頭に属する

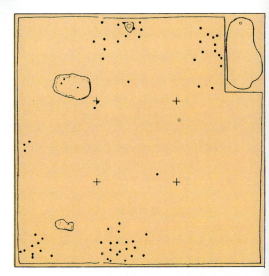

● 13層上面出土遺物　　○ 8層上面出土遺物
▲ 土坑内出土遺物　　　□ 9層上面出土遺物
■ 15層上面出土遺物

土坑と石器の検出位置　第3次調査分

12層上面のインボリューション
周氷河現象の一種で、顕著な凹凸面として検出された

宮城県岩出山町
座散乱木遺跡

遺跡の層序　最下部(15層上面)から1ヵ所の石器集中地点が発見された

13層上面出土の石器
地層の年代から約4.2万年前のものと推定される

15層上面出土の石器
約4.3万年前の石器。粗粒の安山岩製がめだつ。右下は砂岩製の敲石

13層上面の石器出土状況
さまざまな石材で作られた石器が、3つの地点にまとまって発見された

座散乱木および周辺遺跡の12・13層上面で発見された約4万年前の石器

骨器・牙製品など

20年以上も前のことである。岩手県西磐井郡花泉町金森の田圃の下3〜4mの所から、多量の獣骨が発掘された。獣骨はすでに絶滅した野牛・巨角鹿および象などのものであった。骨の中には写真のように加工痕のあるものが含まれており、それらはほとんど野牛の肋骨である。年代測定からこれらの絶滅動物の生存した時期は、ヴュルム氷期最盛期であることは確実であり、日本にも旧石器時代人が存在した証拠が発見されたということで専門家の注目を集めた。また、瀬戸内海からはビーナス像ではないかと思われるナウマン象の牙が発見されている。

構成／長谷川善和　国立科学博物館蔵（オオツノジカ角を除く）

瀬戸内海産の象牙
象牙製のビーナス像ではないかといわれた日本ではじめての標本。中央のくびれは左右対象的である。

花泉野牛の肋骨片　明らかな加工痕がみられる

加工痕を有する2点が1個の肋骨であった

加工痕の条痕は方向性があり、2面の接するエッジは直線的である

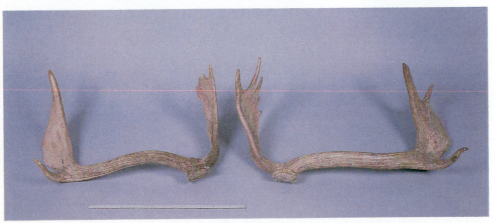

ヤベオオツノジカの骨
発掘の記録があり、研究もされた日本で最初の古生物。ほぼ完全な角冠で、世界的な標本である。更新世後期。富岡市蛇宮神社の宝物。
写真提供／群馬県立歴史博物館

ナイフ形石器の編年

東日本地域一帯のナイフ形石器は、いずれもととのった形状をもつ縦長剝片を素材としてつくり出されている。そうしたナイフ形石器には2つの種類がある。一つは縦長剝片の打面部を中心に調整されており（上段）、もう一つは縦長剝片を折断するように調整されている（中段・下段）。

構　成／安蒜政雄
写真提供／東京都世田谷区教育委員会

東京都中神明遺跡(1)
同　嘉留多遺跡(2)
のナイフ形石器

東京都廻沢北遺跡のナイフ形石器(3〜6)と石核(7・8)

廻沢北遺跡のナイフ形石器(9〜16)

尖頭器の編年

槍先形尖頭器の移り変わりには、各形態が未分化で多様な形態が組み合わさる段階（上段）、形態の分化が明確になる段階（中段）、有茎尖頭器という斉一性の強い一つの形態が卓越する段階（下段）という3つの段階が認められる。それは先土器時代における槍を使った狩猟のさまざまなあり方を反映しているといえよう。

東京都廻沢北遺跡の槍先形尖頭器(1〜3)

東京都下山遺跡(4)廻沢北遺跡(5・7)東京都堂ヶ谷戸遺跡(6)の槍先形尖頭器

下山遺跡(8)廻沢北遺跡(9〜11)の槍先形尖頭器

構　成／大竹憲昭
写真提供／東京都世田谷区教育委員

細石器の編年と使用例

九州

九州の細石核は、福井・野岳・船野・畦原の各タイプに四大別することができる。これらの細石核の分布については、福井型は西北九州を中心に九州の北部、野岳型は九州のほぼ全域に、船野型は東九州、畦原型は南九州にそれぞれ認められる。時期については、福井型がもっとも新しく、他のものは福井型に先行し、主要な分布地域を異にして存在したものと考えられる。

写真提供／橘　昌信

野岳型　　福井型
船野型　　畦原型

本州

神奈川県上和田城山遺跡では、野岳・休場型細石核が層位的に重複して出土している。素材・打面・細石刃剝離作業面など、細石核の基本的な特徴は共通するが、下層（下段）では、黒曜石を石材としてひじょうに小形であるのに対し、上層（上段）では、珪質凝灰岩を石材として大形である。（縮尺は1/2）

構　成／鈴木次郎
大和市教育委員会保管資料

第Ⅰ文化層（L1S上部）

第Ⅱ文化層（B0下部）

野牛肩甲骨に突き刺った〝植刃器〟
（シベリア・ココレヴォⅠ出土）

片側の溝に細石刃を嵌めこんだ〝植刃器〟（本文挿図）が、厚さ1.6cmを貫通している。推定体高1.9～2.0m、年齢7.5～8歳以上の大型野牛に対し、至近距離の地上1.5～1.6mの高さから水平に投射されたことを解剖学・古生物学的所見は明らかにしている。そして種々の状況は、組織的な集団猟の存在を想起させる。

写真提供／木村英明

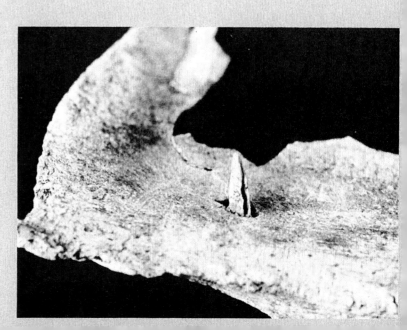

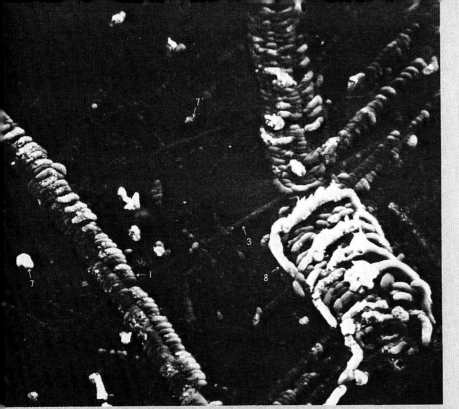

黒曜石製石器の使用痕

遺物の機能への関心は古く、重要な研究テーマの一つであるが、石器における使用痕を根拠にその実証が行なわれてきたのは割合最近である。なかでも黒曜石製石器は研究対象とされることが多かったが、石器に残された傷にはいくつかのタイプがあることがわかってきた。

構成・写真／岡崎里美

使用痕の電子顕微鏡写真

フィルム・レプリカで石器表面の凹凸をうつしとり、裏返して石器側の面を検鏡するよって写真では凸形に見えるが、実際には溝や穴になっている。番号は本文表1の分類番号と一致する。(×300)

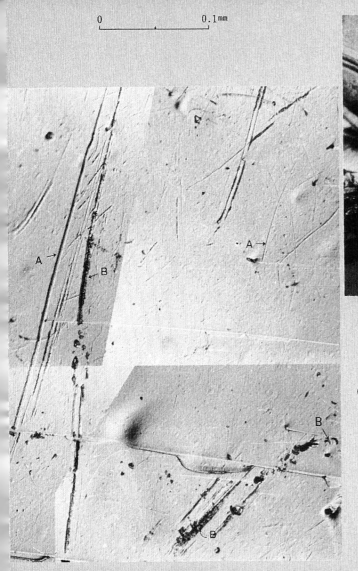

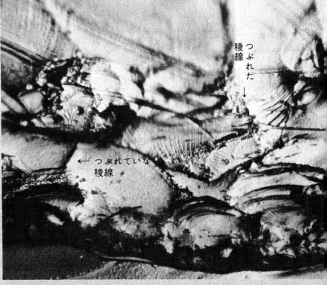

剥離痕の稜のつぶれ

本文で扱った不定形小石器の縁辺の一部である。(×68)

光学顕微鏡で見た使用痕

フィルム・レプリカに左から光をあてて撮影した。A, Bは表2の分類に一致する。(×68)

季刊 考古学

特集

日本旧石器人の生活と技術

特集●日本旧石器人の生活と技術

旧石器時代の技術

筑波大学教授 加藤晋平
（かとう・しんぺい）

旧石器時代の技術を分類すると，食料獲得技術，道具製作技術，施設構築技術，伝送運搬技術という4つの概念が考えられる

　最近出版された考古学の概説書の中から，旧石器時代についての簡単な定義を引用してみよう。「地球上に人類が出現して以来，1万5千年前までの時代」（J. W. スミス, 1976），「石器製作の開始から（300万年前），栽培飼育の始まった時まで（1万年前）。打製石器の使用と遊動的狩猟・採集活動によって特徴づけられる」（S. J. ヌドソン, 1978），「最古のものとして知られる打製の石製加工物と狩猟・採集経済によって特徴づけられる旧世界の編年的時期」（R. J. シャラーほか, 1979）などなど。1865年に，J. ラボックにより打製石器の時代としての旧石器時代という語が採用されて以来，今日まで1世紀以上を経るが，この間世界各地での研究がいちじるしく進展した。そのため，その定義に上記のような混乱をまねき，とうとうヨーロッパ中心の編年観だけでは律することができなくなってしまった。

　地中海地域を除くアフリカやアメリカ大陸では，旧石器時代という語が利用されていないことはよく知られている。たとえば，アフリカでは，石器時代全体の区分に，Earlier Stone Age, Middle Stone Age, Later Stone Age の3区分を使用し，その時期区分は地域によってかなり不統一であるが，MiddleからLaterの年代はおおむね 130,000～2,000 B.P. とされている（J. D. クラークほか, 1982）。このように，現在世界各地において，Eurocentrismから離れて，地域独自の研究をもとに人類史を再構成しようとする気運にある。それ故，日本においても縄文文化以前の文化をただ単純に旧石器時代あるいは文化と置き換えるというのではなく，独自な文化発展を遂げたことが判明しているこの文化を，さらに一層検討し，より妥当な文化区分名を付する必要がある。その時が来るまで，決して不都合でない用語である先土器時代という語を筆者は使用したいのである。

　さて，筆者に与えられた課題は技術ということであるが，この技術という語の包括する意味を理解するのはなかなかに困難である。文化とは人間が自然・社会環境に適応するための身体以外の手段であるとはL. ホワイトの言葉である（1949）。そこで技術というものを考えると，自然環境に密接に結びついた文化の一部ということになろう。何故ならば，自然物を道具・食料・衣服・住居，そして人間が必要と望む生産物や施設の何にでも変えるための一群の知識や手段が技術というものであるからである。すなわち，技術とは，いろいろな方法で，人間と自然環境との間を橋渡しするものである。

　このように考えると，技術にはいくつかのカテゴリーに分けることが可能であろう。L. ビンフォードは，technomic, sociotechnic, ideotechnic の3つに分類しているが（1968），ここではもう少し低次レベルの具象的な概念に基づいて分類してみよう。すなわち，1）食料獲得技術，2）道具製作技術，3）施設構築技術，4）伝送運搬技術の4つの便宜的なカテゴリーである。もちろん，このカテゴリーは，それぞれ個別独立した技術体系ではなく，相互に有機的な関連性をもって成立していることはいうまでもない。この視点をもって先

土器時代を眺めてみることにしよう。

1　食料獲得技術

　狩猟・採集経済段階である日本の先土器時代は，最近の研究によって４万年代まで考えることが可能となった。しかしながら，先土器人の狩猟・採集の対象となった上部更新世の植物相・動物相の詳しい変遷がまだ十分に明らかにされているとはいえない。とくに，先土器遺跡の人間の居住址から，直接ともに，食料残渣としての動・植物遺体が発見された例が皆無であるのは，この技術を解明するのに大きな障害となっている。今，私たちにとって急務なのは，自然遺体（ecofact）の存在する遺跡の発見であり，その調査である。

　ただわずかの手がかりが，岩手県花泉や長野県野尻湖にあるが，それとてもここで発見された化石獣骨の集積は居住遺跡にともなったものではなく，狩猟解体遺構としての性格の強いものである。花泉では，本誌の中で長谷川善和博士が記載されるように，キンリュウオオツノジカ，ヘラジカ，ハナイズミモリウシ，ナツメジカ，ワカトクナガゾウ，ノウサギの一種が出土している。注目すべきことは，この化石群集に混じて，モリウシ（野牛）の肋骨片を利用した骨器が数点発見されていることである。この事実は仕止められた野牛の胸腔が壊されたことを示し，北米平原におけるパレオインディアンの野牛解体遺跡のあり方とよく類似している。この点からすると，花泉で知られる草原性の動物群は，追い込み手法による狩猟対象獣であったことが予測される。

　以上のような絶滅種のうち，ナウマンゾウやオオツノジカは１万数千年前まで生息していたらしいが，それ以後は縄文文化期と同様なイノシシやシカという中形獣の狩猟へと変化したはずである。その変化は日本列島における定形的なナイフ形石器の出現・発展に対応するものであろう。花泉化石床の年代は，インヴォリューションの存在から考えて３万年代であろうと考えている。

　１万３千年頃から盛行した細石刃文化の段階になると，漁撈活動も生業の中にとり入れられたことも考えておかねばならない。とくに主として東北日本に分布する楔形細石核を有する細石刃文化には，荒屋型彫器をはじめとする各種彫器が含まれているので，モリやヤスのような骨角器類が作られたことを間接的に説明している。最近報告された東京都秋川市前田耕地遺跡の草創期の住居址から，相当量のシロサケの顎歯が出土したが，この事実からさらに遡って東北日本においては細石刃文化の段階にもサケ・マスのような産卵遡河性の魚類が捕獲されたことが予測されるのである。

　鳥類についても，寒冷期であった先土器時代は，その分布域を拡げたであろうライチョウの仲間をはじめとする鳥類も捕獲の対象であったはずである。また，植物性食料の採集もきわめて重要であった。南西ドイツの中石器時代における年間食料の推定される百分比は次のようであった（M. A. ジョチム，1976）。アカシカ 26%，ノロジカ 3%，イノシシ 22%，ビーバー 1%，魚類 13%，鳥類 2%，植物 20%。この地域の中石器時代に当るボレアル期には，マツーカバ林からハシバミやカシ類の混合林への変化期である。日本の先土器時代の寒冷期には，ハシバミは高度を下げ，分布域を広げたであろうから，先土器人にとって重要な食料源となったであろう。もちろん，マツの実やクルミといったアク抜きを必要としない堅果類の利用も考えねばならない。とにかく，日本列島が中緯度に位置し，しかも島嶼であるということを常に念頭において生業活動の復原をおこなわねばならない。

2　道具製作技術

　現在までに，日本各地において数多くの先土器時代の遺跡が発掘調査されてきているが，発見される遺物は常に石器・石片そして礫だけである。ほかに数多くの骨角牙器や木器も存在したであろうが，残念ながら消滅してしまっている。

　本誌に岡村道雄氏により紹介されている宮城県座散乱木 13 層出土の有柄を含む剥片尖頭器群はきわめて興味深い。熱ルミネッセンスとフィッション・トラックの両法による年代は 4.1～4.2 万ということである。これら尖頭器・スクレイパー類には，ユーラシア大陸に広く拡がる中期旧石器文化の石器群に類似する若干の要素を指摘することができる。まだその全貌が十分に現われたとは言い難いが，より明確な定形的な石器がさらに発見されることが予想される。テシュク・タシュ洞穴で見られるようなリマース類の定形石器の出土が期待される。

　先土器時代の石器群はすべて，今のところ剥片石器の基盤の上に成立している。座散乱木遺跡で

15

は，中期旧石器に典型的な石核類は存在しないが，放射状剥離による剥片類であるようだ。この点からすると，放射状剥離から平行剥離（石刃・細石刃技術など）への技術発展が認められそうである。3万年代以降の石器群では定形的な石器が時を追って種類を変化しながら出現する。石斧類，石刃，ナイフ形石器類，彫器類，掻器類，細石刃，尖頭器類といった具合である。これらの石器にあって，日本列島の中で分布差の認められるものがある。例えば彫器の出現頻度に関しては，一般的に北へいくに従って高くなるという傾向がある。ヨーロッパの後期旧石器でも，彫器類と周氷河環境とが高い相関をもっているという研究結果がある。日本では，ナイフ形石器の技術型式差が生態的条件の差から生まれたという説がある（安田喜憲，1980）。

楔形細石核は東北日本に主として分布しているが，類荒屋型彫器を加えて広く東北アジアを眺めてみると，バイカル周辺以東，北緯45度以北の地に分布し，さらにアラスカまで認められる。その初現時期を見ると，バイカル・ザバイカルでは2万年前，それ以東カムチャッカ半島・東北日本では1.3万年前，そしてアラスカでは1万年以降となっている。バイカル・ザバイカル地方で生まれたこの技術コンプレックスをもった人類が，1万年ほどの年代をかけて東へと拡散したという経過を辿ることができる。

3 施設構築技術

50年ほど前，A.フルドリチカ博士は当時までに知られていた世界の旧石器遺跡を集計して，後期旧石器人は洞穴人であるとした。今日でもこの考え方は強く残っていて後期旧石器遺跡は洞穴でないと発見されないと信じている人もいる。しかしながら，調査の進展した今日では，旧石器時代を通じて基本的には開地住居が営まれたというのが定説となった。もちろん日本においても同様であって，先土器時代の居住遺構は2，3の洞穴遺跡を除くとすべて開地遺跡なのである。

鈴木忠司氏が本誌で記載するように，地面を掘り込むような住居址は，先土器時代にはごく稀であって，地表に簡単な支柱を設け，軽い上屋構造であったと推測するのは正しい。よく誤まって引用されるが，シベリアやウクライナの後期旧石器住居址のように，住居周縁に多数のマンモスの頭骨や石塊を並べたり，地表を数十cmも掘り込むといった大きな構築技術が認められるのは，北緯50度以北の当時ツンドラやツンドラステップといった地域に限られているのである。日本列島の大部分が，寒冷の当時といっても，より温暖で，森林で被覆されていたことを考えれば，なにも構築材として獣骨を考える必要はない。また，発見されている炉に地床炉が多いのも，そのような生態系差を示している。

土壙がいくつかの遺跡で発見されているが，ユーラシアの後期旧石器時代の墓には，赤色土がしばしば散布されていることから考えると，これらの土壙は墓である可能性は少ない。ほかの機能を考えるべきである。いずれにしても，現在の段階では，先土器時代の生活空間の復元には，やはり石器・石片や礫の集中を基礎に地道な作業を続ける以外にないだろう。

4 伝送運搬技術

先土器人たちは，周囲の有効環境から，数多くの有用資源を入手していた。それらの資源は，行動半径内の近いところ，あるいは集団間を通って運び込まれる遠いところのもあった。多摩ニュータウン内の先土器遺跡で発見された炭化材片が樹種同定された結果，クリ材などであったことが判明した（千野，1983）。おそらく，支柱材ないし薪として，彼らの周囲の落葉広葉樹林の中から選択されて，キャンプに持ち込まれたものであった。これは，行動半径内の運搬の問題であり，多くの食料資源がこのような手段で運搬された。

遠い環境から持ち込まれたことの証拠には，石器などの石材があげられる。黒耀石については，フィッション・トラック法や晶子形態法などで，サヌカイトについては蛍光X線分析法などによって石材産地や同一石材の分布圏が明らかにされている（M. Suzuki, 1973, 鎌木義昌ほか, 1980など）。これらの分布を見てみると，径100〜200kmの範囲に分布し，10数万km²程度以下の面積かと思われる。この面積は，G.クラークが北ヨーロッパ晩期旧石器時代の資料で推定した構造的ヒエラルヒーの中の社会地域の面積に一致しているのはきわめて興味深い。

ここでとりあげた技術の範疇には，石器型式が伝達する手段である集団間や世代間のコミュニケーションについても考慮に入れねばならない。

特集●日本旧石器人の生活と技術

後期更新世の自然環境
―とくに立川期を中心にして―

日本の旧石器時代後期において，人間をとりまく環境はどのようであったろうか。とくに約3万～1万年前を中心に考えてみる

植物相／動物相／地形環境

植物相

大阪市立大学生物学教室
辻　誠一郎
（つじ・せいいちろう）

2.1万～1.8万年前の極寒期にはナラ類，チョウセンゴヨウ，あるいはトウヒ属を主要素とする植生がほぼ日本全域をおおっていた

1　後期更新世の植生概観

下末吉期以降の後期更新世の植物相については，各地で多くの資料が蓄積されつつある。ことに最終氷期後半に関してはよくわかってきた[1]。しかし，植生の発展史に着目してみると，下末吉期以降を比較的連続して通覧できる地域は，中部や関東地方と意外に少ない[2,3]。

関東地方では最近，後期更新世以降の火山灰層序と編年がより詳細に検討され[4]，これに対応して植物相の変遷もかなり明らかになってきた[3]。関東地方における旧石器時代の人類と植生は今後盛んに議論されるはずであるので，本稿では，立川期の植物相の位置づけをする意味で関東地方の後期更新世の植生史を概観する。その上で立川期の植物相を詳述し，日本列島における立川期極寒期の植生とその地域性にもふれることにしよう。

下末吉期以降現在までの関東地方における植生の発展史において，大きな3つの変化点が認められる。最初のものは，下末吉海進期の暖温帯要素を多分に含む多様な植生から，スギとハンノキを主要素とするきわめて単調な植生への急変である。これは下末吉（吉沢）ローム層の本体をなす莫大なテフラの降灰開始とほぼ対応する。その年代は，フィッション・トラック法によると約12万年前である。次の変化点は，約6万年前の吉岡軽石と安針軽石の間で確認され，スギの多い温帯針葉樹林から，温暖期にはナラ林が，寒冷期にはヒメバラモミやチョウセンゴヨウなどの針葉樹林が卓越する植生への変化である。これは年降水量の多い湿潤な気候から気候的にも土地的にも乾燥した気候への変化を示す。最後の変化点は，約1万年前の，縄文海進高潮化に対応する冷温帯ないし亜寒帯植生から暖温帯植生への急変である。これは気候の暖化と年降水量の増加を示すものである。

これらの変化点は，気温の変化よりむしろ年降水量の変化，すなわち，乾湿度の変化に対応しているようにみえる。第2，第3変化点はともに年降水量が急変する時期にあたり，また第1変化点はほぼ湿潤気候の最盛期にあたるからである。

これら3大変化点ほどに著しくはないが，御岳第1軽石の降灰に多少先だってヒメバラモミが急増する層準がある。御岳第1軽石の認定と年代にはいくつかの見解があり，さらに検討の余地はあるが，フィッション・トラック法によれば約8万年前である。中部地方で得られた資料から，この層準より上位を最終氷期，下位を最終間氷期とする見解があるが[1]，気候の寒冷化を示す変化点であるので妥当なものといえよう。

スギを主とする温帯針葉樹林への移行すなわち第1変化点はきわめて明瞭である。上述したように箱根火山の大噴火活動開始直後に認められるので，火成活動の活発化の影響を強く受けたとみられる。降灰による打撃的な植生破壊と土壌の変化は，敵手がなければ比較的生育力の旺盛な温帯針葉樹やハンノキのような灌木林の繁茂を促進した。下末吉海進期の漸次的な気候の湿潤化によって分布拡大したスギは，降灰の助けもかりて急速に純林を形成しえたであろう。このような温帯針葉樹林の成立は関東地方一円で広く確認できる。これと類似する景観は現在どこにも見出すことはできない。

第2変化点から第3変化点までの約5万年間は，気候的・土地的な乾燥に適応した植生期であった。温暖期の植生はいずれもナラ類が優占し，ブナをともなうこともある。またときにはハンノキが優占し，ナラ類とともに単調な森林を形成したことが確認されている。寒冷期ではヒメバラモミの類やモミ属，チョウセンゴヨウ，カラマツといった冷温帯上部から亜高山帯（亜寒帯）を本拠地とする針葉樹が卓越した。温暖期から寒冷期への移行期には，シナノキ・カエデ各属が短期間優占することも知られる。これらのことから，この森林期を乾燥温帯一亜寒帯林期と呼ぶことができる。

この森林期を通じて，とくに著しい寒冷期が今までに2つ確認されている。下位のものは約5万年前の三浦軽石や東京軽石を含む層準において確認された。これは相模地域ではふつうに確認できる。ヒメバラモミその他のトウヒ属が優占し，カラマツやモミ・ツガ・マツ各属をともなう針葉樹林が卓越した。一方上位の寒冷期は，約2.1万～1.8万年前にあたり，下部には姶良Tn火山灰（AT）を含む。この寒冷期では，ことにチョウセンゴヨウが優占するほか，トウヒやシラベなどの亜寒帯針葉樹やウラジロモミといった冷温帯針葉樹も認められる。5万年前寒冷期と比較して，とくにチョウセンゴヨウに富む点で明らかに異なる。この2つの著しい寒冷期は，古い方からそれぞれ，立山で確認された室堂氷期，立山氷期の最盛期に対比されるであろう。

2つの極寒冷期のいずれがより厳しい気候であったかは，今までの資料からは即断できない。一般に2.1万～1.8万年前が最終氷期を通じてもっとも寒冷であったとする見解が強いが，実際には，5万年前寒冷期の植物群に関する資料が乏しく，充分な比較ができないのが現状である。

2 関東地方の立川期

約2.4万年前以降の関東地方における植生の時間・空間的分布を下の図に示す。この中でとくに重要な2.4万～1.8万年前の植生変遷は，茨城県土浦市下大島で得られた花粉分析結果[5]にもとづいている。

2.3万ないし2.2万年前頃，関東一帯に卓越していたナラ類を主とする落葉広葉樹林が急速にチョウセンゴヨウを主とする針葉樹林へうつりかわった。チョウセンゴヨウの分布拡大とともに，下大島ではシナノキ・カエデ各属の分布拡大が確認されている。シナノキ・カエデ属や下位で栄えたナラ類が卓越する森林は，現在の北海道の冷温帯にみられるいわゆる汎針・広混交林に典型的に見出すことができる。ブナ欠除型の，大陸的な乾燥気候を反映した落葉広葉樹林である。必ずしも汎針・広混交林に比較しなくてもよいが，よく似た気候に見まわれていたことは否めない。

AT降灰に先行して，チョウセンゴヨウを主とする針葉樹林にトウヒ・モミ各属やカラマツが加

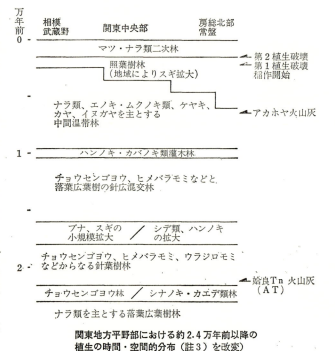

関東地方平野部における約2.4万年前以降の
植生の時間・空間的分布（註3）を改変）

わり，シラカバをも混じえる森林植生に変化した。栃木県二宮町原分では，チョウセンゴヨウとともにヒメマツハダに酷似の球果が多数得られている。各地の遺体群集は，中部山岳地帯に現在残存する針葉樹類が相当平地にまで分布を拡大していたことをものがたる。

AT 降灰をもたらした大規模噴火活動と気候ならびに植生との関係は興味が持たれる。日本各地で確認された立川期極寒期にちょうど AT が降灰したためでもある。すでに述べたように，寒冷化は AT 降灰に先行して起こっており，大規模噴火が直接寒冷化にかかわった形跡はないが，AT 降灰とともにミツガシワのような水草が衰退し，ヤチヤナギやイネ科，ワレモコウ属などが急増したことが津軽地方などでは明確に記録されており，局地的植生に相当な打撃を与えたことは否めない。このように，給源火山から相当遠方にある地域でもかなりの打撃をうけたところをみると，短期間であれ，おそらく地球的規模で気候と植生に影響したことは確かであろう。

約 1.8 万から 1.6 万年前，冷温帯の落葉広葉樹やスギが小規模ながら増加した。富士山麓の蓮花寺（標高約 500 m）ではブナその他の落葉広葉樹の著しい産出がある。関東地方の平地では，たいていハンノキやシデ類が分布拡大し，トウヒ・モミ各属やチョウセンゴヨウは一時衰退した。これはおそらく，短期間の気候の温暖化によるものであろう。しかも気候的・土地的湿潤を裏づけるブナやスギが卓越するので，立川期極寒期直後の乾燥気候の緩和を示すものとして意味がある。

小温暖期を過ぎると針葉樹が再び優占するようになる。ただ，平地では 2.1 万〜1.8 万年前の極寒期の植生とは異なり，小温暖期で分布拡大した要素，すなわち冷温帯落葉広葉樹はこの時期にも多分に残存して，針葉樹と広葉樹の混生する森林が形成された。富士山麓蓮花寺では，シラベやトウヒといった亜寒帯針葉樹やカラマツ，シラカバなどからなる森林に変化した。関東中央部から東部にかけてのボーリングコアの花粉分析の結果では，ゴヨウマツ類を主とし，ブナ・ニレ—ケヤキ・シデ・ハンノキ・カバノキ各属といった落葉広葉樹を相当量含む花粉群集が記録されている。場所によってはハンノキ属のみが優占することもあり，土地的に不安定な環境であったと考えられる。

この頃の堆積物からは，チョウセンゴヨウの種子の遺体が産出することが多い。遺体として残存しやすいことも事実だが，花粉群集でもゴヨウマツ類がたいてい高率を占めるから，針葉樹ではもっともふつうな種であったとみられる。

針・広葉樹の混生する植生はおよそ 1 万年前まで続いた。この間植生は決して一様でなく，広葉樹ことに陽樹がさまざまな森林を形づくり，気候の湿潤・温暖化とともにしだいに変化したと考えられる。この時期の関東地方の平地一帯は，おそらく冷温帯から亜寒帯への推移帯にあったであろう。極寒期に比較すればはるかに食物性資源ことに澱粉供給資源は豊富であったと考えられる。

約 1 万年前，植生は急変した。それまで優占したチョウセンゴヨウなどの針葉樹は衰退し，ハンノキ・カバノキ類が急速に広域に分布拡大した。これは図からわかるように短期間（おそらく数百年）続いたあと，しだいにナラ類を主とする落葉広葉樹林へと移行した。このような変遷様式は，関東地方ではボーリングコアの分析でしか明らかになっていないが，中部・東北日本の湿原堆積物の花粉分析から裏づけられている。この変遷は気候の温暖・湿潤化によるもので，最終氷期に栄えた針葉樹林の消滅後の空間を埋めるように一時的に陽樹林が発達し，一方的な急速な暖化によって，さらに中間温帯林へ移行したことをものがたる。

3　立川期極寒期の植物相

2.1 万〜1.8 万年前の極寒期は，高地あるいは北方の植物群が立川期を通じてもっとも下降・南下を余儀なくされた時期である。次の図はこの期の鍵層となる AT の確認できた地点およびそれとほぼ一致することが層位的に確認できた地点に限定して，各地の花粉群集の地域性をみたものである。同時にこの時期とその前後の北方系の亜寒帯要素としてのグイマツ，アカエゾマツの分布を加えた。地点は，中部山間部の 3 地点を除き，いずれも現標高 500 m 以下の平地に位置する。

この極寒期を通じて，気候的・土地的乾燥に適応したナラ類，チョウセンゴヨウ，あるいはトウヒ属を主要素とする植生がほぼ日本列島全域をおおっていたことがわかる。西日本の彦根や福岡ではナラ類を主としシデ・カバノキ・ニレの類をともなう。ブナの占める割合はともに低いのが特徴である。瀬戸内一帯や福井県三方湖地方ではツガ属あるいはゴヨウマツ類が主要素である。ゴヨウ

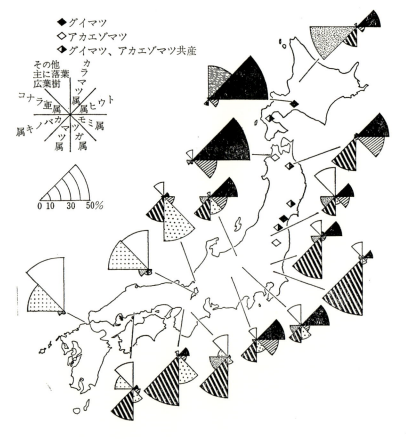

始良 Tn 火山灰（AT）直下およびその前後の花粉化石群集の地域的変化とグイマツ，アカエゾマツ産地

マツ類の最優占は，瀬戸内一帯のほか，すでに述べた関東地方の平地でも認められる。関東地方ではトウヒ属も目立つようになる。中部地方山間部や福島県内陸部ではトウヒ属とゴヨウマツ類が優占するものの，モミ・ツガ各属の産出も著しく，極端にある種にかたよる傾向はみられない。これは現在の中部山岳地帯から東北地方にみられる亜高山針葉樹林によく似た植生が発達していたことを示す。下北・津軽地方ではトウヒ属がより目立ってくるが，津軽地方ではゴヨウマツ類がまれとなる。北海道中央部の札幌郡広島町のグイマツ遺体包含層からは，トウヒ属とともにグイマツらしいカラマツ属花粉が高率で認められる。より北方の秩父別ではカバノキ属が優占し針葉樹さえ目立たないが，これは厳しい気候に対応して針葉樹林が疎林と化したためであろう。

東北地方では，福島県まで南下した北方系の亜寒帯針葉樹グイマツやアカエゾマツが，中部地方を中心に残存するチョウセンゴヨウと混生して現在ではみられない群落を形成していた。

関東地方や瀬戸内一帯でのゴヨウマツ類の大半はチョウセンゴヨウと考えられる。図からもわかるように，高地の針葉樹の中で，チョウセンゴヨウはもっとも広く分布拡大した種であった。従来の大型遺体の報告をみる限り，本種とともにヒメバラモミやヒメマツハダなどのいわゆるヒメバラモミ類もかなりふつうな針葉樹であったと思われる。

すでに述べたように，これらの針葉樹の分布拡大や西日本におけるナラ類の優占は，乾燥した環境を示唆する。温帯気候下であっても，ブナ林の成立しえない乾燥環境下では，ナラ類はもとより，チョウセンゴヨウやカラマツなどの針葉樹も繁栄したであろう。チョウセンゴヨウは現在中部山岳地帯を中心に分布するが，極寒期には現在の生育気候域を超えて分布拡大していた可能性が高いのである。この視点から，照葉樹林の分布北限についても検討する余地があろう。

日本海側と太平洋側の森林植生には差異があるようである。チョウセンゴヨウの優占が太平洋側で目立つのは，単に資料の偏りによるのではないことを津軽・下北両地方の群集の対立は示唆している。

註
1) 亀井節夫・ウルム氷期以降の生物地理総研グループ「最終氷期における日本列島の動・植物相」第四紀研究，20—3，1981 など
2) 酒井潤一「中部地方における後期更新世の気候変化」第四紀研究，20—3，1981
3) 辻誠一郎「下末吉期以降の植生変遷と気候変化」アーバンクボタ，21，1983
4) 上杉　陽ほか5名「富士山東縁地域の古期富士テフラ累層」平塚市博研報 "自然と文化"，3，1980
5) 遠藤邦彦ほか4名「関東地方の《沖積層》」アーバンクボタ，21，1983

動物相

横浜国立大学教授
長谷川善和
（はせがわ・よしかず）

立川期の動物相を知る手がかりは，植物とちがって断片的でしか
ないが，寒冷気候の影響をうけた北方系の脊椎動物が発見される

　立川期といっても細分化して論ずることは難かしい。大まかに立川ロームや立川礫層の堆積した頃といえようが，全国的に対比することは簡単ではない。C^{14} 年代によって測定可能な時代とでもいえようか，沖積平野のような所では比較的安定な堆積物があって，対比しやすいが，一般には堆積盆地が小さく，分布範囲がせまいから厳密な対比は困難である。ここでは，最終氷期の最盛期である2～4万年前頃という位に考えて話をすすめたい。もちろん当時の自然環境を動物相からみていくことには多くの想定が必要となる。植物のように直接の環境指示者となるものは少ないし，短期間の環境変動を花粉分析で連続的に追跡するようなことはできないからである。断片的であり，化石化が進まないために保存が悪いことが多い。また，環境復原を厳密に行なうとすれば，昆虫・魚類・鳥類・軟体動物あるいは微小動物に至るまで綜合的に検討する必要があるが，多くの場合，これらの動物が共産することは少ない。それに，まとまった研究はほとんどない。したがって，ここでは脊椎動物を中心に述べることにする。

1　花泉動物群集と熊石洞動物群集

　この時代の古脊椎動物の Biozone として提唱されているのは山手階＝Würmian[1]，あるいは花泉階[2]である。古くは，秋田県の槻木アスファルト層の化石が有名であった。のちに，岩手県花泉層，地の森層，静岡県三ケ日の只木層，長野県野尻湖層，岐阜県熊石洞堆積物，山口県風船穴洞くつ堆積物，愛媛県安森洞堆積物，北海道襟裳岬小越層などから産出する遺骸群集が挙げられていた。近年では沖縄県沖縄本島の港川動物群，伊江島ゴヘズ洞動物群，石垣島の石城山動物群などを挙げることができる。

　これらのうちで花泉，野尻湖，三ケ日，港川の各動物群は明らかに人間と関係がある。港川は港川人が，三ケ日からは三ケ日人が伴出している。

　なかでも花泉動物群は極めて重要なものである。この遺跡は，1927年に旱魃となり，地主が灌漑用溜池を掘ろうとした際に発見されたが，獣骨が沢山でるので中止してしまったという。後日，元村長，佐々木盛輔氏が関心を抱き，1953年に東北大学の曽根教授を招いて発掘した。松本ら[3]はこの標本類を鑑定し，一部を記載した。花泉動物群の種名については議論があるが，その概要をみると次のような構成種からなっている。

---

1. *Sinomegaceros kinryuensis* (MATSUMOTO and MORI) キンリュウオオツノジカ
2. *Alces alces* L. ヘラジカ
3. *Leptobison hanaizumiensis* MATSUMOTO and MORI ハナイズミモリウシ (＝*Bison priscus* BOJAN and *Bos primigenius* BOJAN, 直良 1959)
4. *Cervus natsumei* MATSUMOTO ナツメジカ
5. *Loxodonta (Palaeoloxodon) tokunagai junior* MATSUMOTO ワカトクナガゾウ (＝*Palaeoloxodon naumanii*, HASEGAWA)
6. *Lepus* sp. ノウサギの一種

　松本彦七郎・森一によって1・3・4・5が記載された。小野寺信吾[4]はこの中で，*Megaceros kinryuensis* の下顎が *Alces* であることを指摘した。ここから産出する骨の大部分は *Leptobison* である。比較的大きさのバランスが合う骨を選び

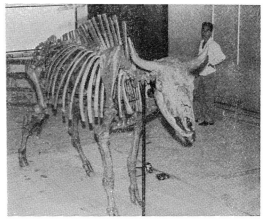

ハナイズミモリウシの全身骨格
岩手県花泉町金森産出，岩手県立博物館提供

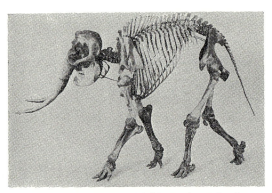

ナウマンゾウの復原骨格　青年期の若い象で脊中の棘突起は肩と腰の2カ所で高くなっている（千葉県印旛沼の捷水路工事中に発見，国立科学博物館提供）

1体分の骨格を復原したが，比較的大きく，とくに脊中の棘突起はかなり長いように思われる。復原骨格の1号は岩手県立博物館に陳列してある。第2はオオツノジカとナウマンゾウである。松本はトクナガゾウのさらに古い種類という意味でワカトクナガゾウとし，さらに，千葉県長浜砂礫層から記載したナツメジカが産出しているので，この動物群を鮮新世とした。しかし，この時代論には当時から反対が強かった。松本の時代論は更新世がナウマンゾウの出現によって始まるといった頃の基準で判断しているらしく，今日のそれとはいちじるしく異なり，同定もちがう。現在ではC^{14}年代で，16,000～35,000 yr. B. P[5]の範囲とされ，産出種の構成からみても妥当である。

花泉動物群[6]の構成種も各種の量にもいちじるしい偏りがみられる。中でも，野牛，ヘラジカなどは明らかにマンモス動物群の要素であり，直良[7]は北東アジア大陸とくに中国東北部の顧郷屯動物群的であり，植物化石は東京の寒冷気候を証明する江古田植物化石層に対比できるとした。このことはC^{14}年代測定の値ともほぼ一致する。

花泉動物群の遺骸群集の中に若干の骨角器と思われる加工品が発見された。このことについては，直良が報告し，その材料は野牛の肋骨と鹿類の角片であるとした。その後，加藤[8]が国立科学博物館に保管している未報告の骨器と石器について記載したが，骨器の材料はすべて野牛の肋骨と判断されるものばかりである。すなわち，花泉町金森の遺跡出土の動物は種類数が極端に少なく，ノウサギ類を除き，すべて絶滅種である。ここで注目すべきことは，ヘラジカや野牛など，典型的な北方系要素のものが入っていることである。

ヘラジカは未報告の分も含めると，岩手県竜泉新洞，神奈川県厚木の河成堆積物，岐阜県熊石洞などから産出している[9,10]。とくに熊石洞には人為的な遺物はみられず，自然堆積のものと考えられる。すなわち自然分布をしていた有力な証拠となる場所である。ヘラジカの分布範囲は，今のところ中部以北に限られ，それはヴュルム氷期の亜寒帯性針葉樹林分布域の中にある。現生ヘラジカの仲間はユーラシアから北米にかけて分布し，少なくとも4亜種に分けられている。化石種[11]は更新世前期のものが古く，ドイツのWeimarに近いSüßenbornの砂礫層から産出した *Alces latifrons*(Johnson)とされている。アジアでは先の顧郷屯動物群，すなわち，マンモス─被毛犀動物群に属する。日本産のヘラジカ化石がどの種類に属するか重要なことであるが，標本の保存が悪く，厳密には検討できない。しかし，若干の性質でみる限り，現生種 *Alces alces* と変らないと思ってさしつかえない。現生のヘラジカはトナカイの住むツンドラ地帯より南にずれ，いわゆるタイガ地域を中心としている。北の一部は北極圏に入るが，南は大体 N 50°以上であり，北米では N 40°以北に分布する。後期更新世にはより南に広く分布したことがわかる。熊石洞のものは本州の南限ばかりか世界の南限になる。

熊石洞では，ヘラジカの他にナウマンゾウ *Palaeoloxodon naumanni* (Makiyama)，ヤベオオツノジカ *Sinomegaceros yabei*，ニホンジカ *Cervus nippon* Temminck あるいはツキノワグマ *Euarctos thibetanus* (Cuvier) など比較的大形の種類は少ない。一方，小形の食虫類・翼手類や齧歯類など18種がリストされているが，ほとんど現生種と比較される。小形種が豊富で洞窟堆積物の特徴を示している。ヘラジカ，ナウマンゾウ，ヤベオオツノジカは，まさに花泉動物群の構成と似ている。その時代は一例として 16,720±880＞yr. B.P という C^{14} 年代が測定されているという[12]。

このように，ヘラジカが本州以北に分布したことは疑う余地もない。しかも，その時代は2～3万年前を中心としていたことも確かである。この頃，北海道の襟裳岬の小越層からマンモスの臼歯が2点報告されている[13]し，高井冬二博士によると，津軽海峡のドレッヂで引き上げられたマンモスの臼歯もあるとのことで，少なくとも下北半島近くまでマンモスが南下したらしい。木村によっ

て報告された北海道野幌丘陵の音江別川化石動物群[14]の *Bison* sp. は更新世中期の後期というがマンモス動物群に属するのではなかろうか。

シベリア地域のマンモス動物群にはウマ，トナカイ，ヘラジカ，野牛，ジャコウ牛，毛犀，褐色グマなどがみられる。ジャコウ牛や毛犀はまだ日本から報告がないが，トナカイは新潟県北蒲原郡神山村から徳永が記録したものがある。また，ウマ類は宮城県地ノ森などから産出している[1]。これらが，自然分布によるものか，人為的な分布によるものかは今後さらに検討されなければならないが，自然分布の可能性が高いと思うのである。

このように，第四紀特有の寒冷気候下に生活しているマンモス動物群のいくつかは立川期に，おそらく北海道径由で本州中部まで南下してきた。これに伴う小形哺乳類は知られていないことからみて，マンモス動物群の渡来のための接続期間は短く，しかも，大陸との間は陸地の接続関係はなかったかもしれない。湊は小越層のマンモスは前期ウルム亜氷期（45,000～72,000年前）のものであるというから，ヘラジカの渡来より古いわけで，両者は渡来が同時でなかった疑いもある。しかし，大局的には変りない。

2 野尻湖動物群集

野尻湖では数回にわたる大規模な発掘が行なわれ，1,500点に及ぶ骨片を採集している。その大部分はナウマンゾウで占められ，次いでヤベオオツノジカが多く，わずかにニホンジカ，ヒグマ，ハタネズミ，ウシ科？，ヒシクイ，カワウ，ヤマドリが含まれている[15]。これらは何層準かに分れているが，年代は 16,290±730～41,860±3,220 yr. B.P の範囲にあり，花泉動物群の時代とほぼ一致する。花泉のそれは人為的とはいえ，限定された範囲に集中し，原地性堆積状態に近いとされているのに対し，この野尻湖では水流の影響下で堆積した異地性のもので，かなり広範囲にわたって分布している。しかし，両者に骨角器が伴うこと，かつ，かなり豊富な旧石器が共伴する点で注目される。筆者の見解からすれば，ヘラジカが産出してもよいと思うが報告がない。"月と星"として有名なオオツノジカの掌状角[16]を写真でみた直良信夫博士は即座にヘラジカではないかと言われたが，筆者もその疑いをもっている。詳細についての報告を期待したい。仮にヘラジカでなくとも，その存在する可能性は拭い切れない。

さて，花泉動物群，熊石洞動物群あるいは野尻湖動物群についてみるとき，次のような特徴がみられる。ヘラジカ，野牛，ウマおよびマンモスなど寒冷系草原性の要素が北方から南下してきた。このとき，以前より渡来し，広く分布していたナウマンゾウ—ヤベオオツノジカ動物群 *Palaeoloxodon* — *Sinomegaceros* complex[17]に属する温帯森林性あるいは草原性のものと共存することになった。寒冷気候下に置かれたナウマンゾウなど温帯系で，大型の哺乳類の多くは絶滅したが，中型以下のものはほとんどが生きのびた。一方，寒冷系のヘラジカなどは，最終氷期が終り，気候の温暖化と人口増加による狩猟圧の影響により短期間で絶滅してしまったと思われる。しかし，帝釈馬渡遺跡第4および5層からヤベオオツノジカが産している[18]ことから，部分的には完新世の初め頃までオオツノジカの生存した可能性もある。

縄文時代にはオオヤマネコ[19]やニホンオオカミなどがみられる。これらが自然状態で分布していたことは確かであるが，渡来の時期は明らかでない。しかし，地質学上は後氷期に入ると大陸との間は隔離されてしまったとの考えがすでに定着していると見てよい。したがって，彼らは縄文時代より前，少なくとも立川期に渡来していたか，縄文早期頃の寒い冬に氷上を渡来したかのいずれかである。日本の在来馬[20,21]は縄文後期か弥生時代に，日本犬[22,23]も中・後期に多いようであるが，家畜の渡来については人間とのかかわりが重要であり，今後の検討が必要である。

ヤベオオツノジカ（巨角鹿）の全身骨格
山口県美祢市重安産出の骨を基に復原。角は群馬県上黒岩標本，国立科学博物館提供

オオヤマネコの左下顎骨
山口県秋芳台地方のケヤキの竪穴から発見

3 琉球列島の動物群集

九州から奄美にかけて立川期の動物群集ははっきりしたものがない。ところが琉球列島では、伊江島のゴヘズ洞窟[24]、沖縄島南部の港川フィッシャー[25,26,27]、宮古島のピンザアブ、石垣島の石城山フィッシャー[28]などの堆積物に立川期に相当する動物群が見出された。各動物群の構成要素は簡単ではない。しかも、本州との共通要素はほとんどなく、いずれも琉球列島特有のものばかりである。多くの要素は古く南方から渡ってきたといわれる relic 的なものが中心となっている。とくに沖縄では大山洞人、カタ原洞人、桃原洞人、港川人、宮古人など多くの人骨化石が産しているため[25]、その解明のために動物の遺骸群集の検討がとくに必要である。

港川のフィッシャーは高さ20m余で、幅は1m足らずであるが、その延長は何十m以上に及ぶ。1967年、大山盛保が化石の産出に興味をもち、発掘をはじめたのをきっかけに人骨数体分が発見された。その後、ここは何回にもわたり発掘を行なった。下から上方に向って、リュウキュウムカシキョンとリュウキュウジカがイノシシと交替する様子が明瞭に示されている。各島の間を対比するときにリュウキュウジカやリュウキュウムカシキョン、オオヤマリクガメ、ケナガネズミなど共通種があるが、これらはいずれも渡来の古い種類と思われる。そこで、最も時代を明示するものとしてイノシシを重要視している。しかし、これは人間の渡来と関係あると考える人がかなりいるので、今後種の問題を充分検討していく必要がある。港川遺跡の大量のイノシシについて、これが自然分布の証拠であることを主張した[27,29]が、その時期はまさに C^{14} 年代では 18,200 yr.B.P と結論された[25]。なかでも山下町洞人は 1968 年に発見されたが、共産する化石はシカ類とキョン類だけであり、その年代は 32,000 yr.B.P と測定された。よって、少なくとも山下町洞人以後にイノシシ類が分布したことになり、それらが自然分布であるとすれば、2万年前後になんらかの状態で島嶼間が接続していなければならない。地質学者の多くはこのような考えを受け入れるだけの材料がないという。いずれにしても、琉球列島にはシカ類など古いタイプのものが残っていて、そこへ新しい要素であるイノシシなどが短兵急に渡来したもののように見受けられる[29,30]。

註
1) Shikama, T., 化石, 2, 1961
2) 長谷川善和, 日本の第四紀研究, 1977
3) 松本彦七郎・森一, 動物学雑誌, 65—6, 1956
4) 小野寺信吾, 地質学雑誌, 76—5, 1970
5) 関東ローム研究会・信州ローム研究会, 地球科学, 1962, 1963
6) 亀井節夫, 地球科学, 60, 1962
7) 直良信夫, 第四紀研究, 1—4, 1959
8) 加藤晋平, 文化財, 138, 1975
9) 長谷川善和, 自然科学と博物館, 35—1・2, 1968
10) 奥村 潔ほか, 大阪市立自然史博物館研究報告, 31, 1978
11) Karlke, H. D., 『先史世界の発掘』1973
12) 河村善也, 哺乳類科学, 38, 1979
13) 湊 正雄『変動する海水面』1980
14) 木村方一, 北海道の脊椎動物化石演旨, 1982
15) 野尻湖哺乳類グループ, 地質学論集, 19, 1980
16) 小野寺信吾・野尻湖哺乳類グループ, 地質学論集, 19, 1980
17) Hasegawa, Y., Bull. Natl. Sci. Mus. 15—3, 1972
18) 高井冬二・長谷川善和, 広島大学文学部帝釈峡遺跡群発掘調査室年報, I, 1978
19) 金子浩昌, 日本の洞窟遺跡, 1967
20) 林田重幸, 日本民族と南方文化, 1968
21) 林田重幸, 紫友, 8, 1959
22) 長谷部言人, 人類学雑誌, 58—11, 1943
23) 太田克明, Cosmo, 6, 1983
24) 伊江村教育委員会『沖縄県伊江島ゴヘズ洞の調査—第1次, 2次概報』1977, 1978
25) 鈴木 尚『骨から見た日本人のルーツ』1983
26) Suzuki, H. and K. Hanihara ed., The Minatogawa Man, 1982
27) 高井冬二・長谷川善和, 九州周辺海域の地質学的諸問題, 1971
28) 長谷川善和・野原朝秀, 石城山, 1978
29) 長谷川善和, 第四紀研究, 18—4, 1980
30) 大塚裕之, 島弧と大陸との関聯からみた九州の構造発達史, 1983

地形環境

明治大学助教授
杉原重夫
（すぎはら・しげお）

後期更新世の日本では，先土器時代文化が認められる直前の3万
～5万年前に最終氷期の著しい海面低下と最寒冷期が想定できる

1 姶良 Tn 火山灰の発見

　火山灰を意味する tephra と chronology の合成語であるテフロクロノロジーは，火山灰などの火山砕屑物，とくに降下火山砕屑物に基づく編年を意味する。日本では後期更新世に降下したテフラは，平野地域において台地や段丘を広くおおっていることから，地形面やそれを構成する堆積物の対比・編年に使われてきた。また先土器時代の遺跡や遺物は，地形面をおおうテフラ層中から発見されることが多い。

　最近，わが国では，噴火口から数100 km，さらに 1,000 km 以上におよぶ広域的なテフラが続々と発見された。これにより，従来のテフラの概念が一変したばかりでなく，地形学，地質学，考古学といった層位的年代を扱う学問分野に大きな期待と可能性をもたらした。

　後期更新世の広域テフラの中でも姶良Tn火山灰（略称: AT）は，南九州の姶良火山からプリニー式の大噴火によって吹き上げられた火山ガラスの破片を主体とした特異なテフラで，偏西風によって風下に運ばれ，北海道を除く日本列島のほぼ全域に分布するほか，四国海盆や日本海海底の大半で認められる[1]。姶良Tn火山灰の降下した 21,000～22,000 年前という年数は，最終氷期のなかの低海面期にあたり，現在と比べて寒冷な気候が支配していたと考えられる。また，その噴出年代からみて，先土器時代の遺跡，遺物と確実に層位関係をもつテフラである。したがって，姶良 Tn 火山灰は，先土器時代の人間の生活舞台であった自然環境を復元するうえで貴重な鍵層といえる。

2 立川ローム層の層序と先土器時代遺跡

　1970 年前後に，東京都野川遺跡，神奈川県月見野遺跡の大規模発掘により立川ローム層中から多数の生活面が識別された結果，立川ローム層の層序区分や両遺跡間の生活面の精度の高い対比に関心が持たれた。このとき立川ローム層中の黒色帯とともに，一定の層準に火山ガラスの密集層があることが注目され，丹沢パミスと名づけられた[2]。この丹沢パミスの給源の追跡が姶良Tn火山灰の発見につながるのであるが，この間の事情は町田洋の著書[3]に詳しい。南関東では，これまでに東京都高井戸東遺跡，鈴木遺跡，尾崎遺跡，千葉県星谷津遺跡，埼玉県砂川遺跡などで姶良Tn火山灰と遺跡との層位関係が検討された。高井戸東遺跡では，立川ローム層中のⅥ層下部，すなわち第2黒色帯（Ⅶ～Ⅸ層）の直上に，姶良Tn火山灰起源の火山ガラスの密集層が検出できた[4]（図1，写真）。また姶良Tn火山灰を示標とすると，武蔵野台地の第2黒色帯は，立川ローム層の厚さの薄くなる下総台地や大宮台地でも連続して追跡でき，北関東では上部ローム層直下の黒色帯に対比できる。したがって北関東の上部ローム層は，立川ローム層のほぼ上半部に相当することになる。姶良Tn火山灰直下の黒色帯の ^{14}C 年代を表1に示す。^{14}C 年代測定結果は，15,000～35,000 年前までのばらつきが認められるが，このうち若い年代は測定誤差のほかに，上位の層準からの有機物の移動などの試料の汚染が考えられる。このように姶良Tn火山灰は，^{14}C 測定値の信頼性を吟味するのにも使える。

　武蔵野台地では，これまでに 300 カ所近い先土

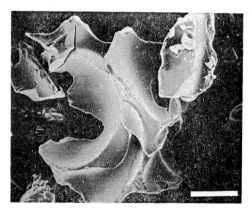

姶良 Tn 火山灰（火山ガラス）の電子顕微鏡写真
試料採取地：高井戸東遺跡，スケールは 100 μm

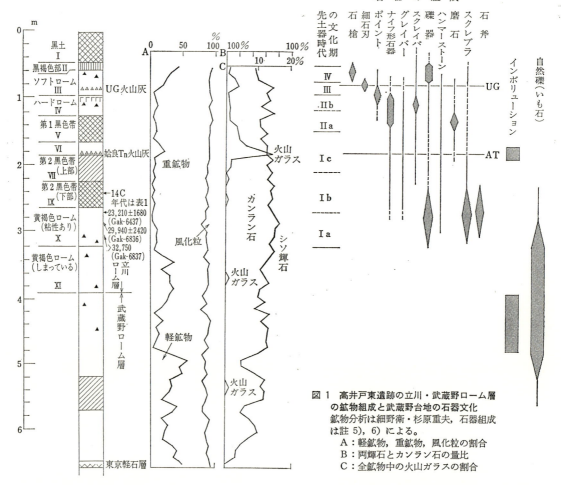

図1 高井戸東遺跡の立川・武蔵野ローム層の鉱物組成と武蔵野台地の石器文化
鉱物分析は細野衛・杉原重夫, 石器組成は註5), 6)による。
A:軽鉱物, 重鉱物, 風化粒の割合
B:両輝石とカンラン石の量比
C:全鉱物中の火山ガラスの割合

器時代の遺跡, 遺物が発見されている。これらの遺跡から発掘される石器群は, 立川ローム層のX〜Ⅲ層から産出し, 武蔵野ローム層中には認められない。

小田[5], 赤澤ほか[6]は立川ローム層中の20枚近い文化層中の石器組成から文化期を設定することを考えた。このうち石器群の様相が最も変化するのは, Ⅰc亜文化期とⅡa文化期の間で, この時期は第1黒色帯（Ⅴ層）中にある。ナイフ形石器を特徴とする石器組成は, Ⅰb亜文化期に始まり, Ⅱb亜文化期に最も発達した段階となるが, この時期はハードローム（Ⅳ層）上部にあたる。

また小田[7]は, 武蔵野台地における石器組成の層位的変化を, 始良Tn火山灰を基準として関東一円に広げて検討した。また九州では大分県岩戸遺跡で始良Tn火山灰の下位からナイフ形石器が発見され[8], 九州と関東の石器文化の変遷に大きな地域的矛盾はみられなくなった。

表1 始良Tn火山灰直下の黒色帯の ^{14}C 年代

採取地点	測定試料	コード番号	測定値 (y.B.P.)
東京都高井戸東遺跡	アルカリ不溶有機物	Gak-6435	32,150±2590
同 上	全有機物	Gak-6435 a	21,260±820
同 上	腐植酸	Gak-6435 b	22,340±1310
東京都板橋区赤塚	全有機物	Gak-6404	23,190±770
千葉県安房郡大房岬	全有機物	Gak-6433	33,860 +4790 -2980
同 上	腐植酸	Gak-6433 a	10,980 +2100 -1670
同 上	アルカリ不溶有機物	Gak-6433 b	28,540±2570
千葉県市川市曽谷	全有機物	Gak-2736	20,300±600
千葉県復山谷遺跡	アルカリ不溶有機物	Gak-6697	16,370±400
埼玉県北本市中井	腐植酸	Gak-6319 a	18,160±550
同 上	アルカリ不溶有機物	Gak-6319 b	23,910±1090
群馬県邑楽郡千代田村前天神原	アルカリ不溶有機物	Gak-6835	15,060±390
群馬県岩宿遺跡 (A地点)	全有機物	Gak-4586	17,680±380
同 上 (B地点)	全有機物	Gak-4587	15,660±420

始良Tn火山灰の噴出とともに南九州の山野を直撃した入戸火砕流は，この地方の石器文化を壊滅した。しかし噴出源から約 1,000 km 離れた武蔵野台地では，始良Tn火山灰の降下当初の厚さは 10 cm 前後と推定され，降灰によって一時的な植生の破壊や気温の低下が生じたとしても，Ⅰc 亜文化期の石器文化そのものには影響しなかったと考えられる。

3 平野地形と海面変化

南関東では，後期更新世の高海面期に形成された海成面として，下末吉面（約 130,000 年前），引橋面（約 100,000 年前），小原台面（約 80,000 年前），三崎面（約 60,000 年前）がある[9]。この後に続く立川面は，立川ローム層の層序と対応して，立川Ⅰ面（約 30,000 年前），立川Ⅱ面（約 20,000 年前），立川Ⅲ面＝青柳面（約 15,000 年前）の 3 面に細分できる。この立川Ⅰ～Ⅲ面は，陸上ではいずれも河成面として認められ，現在よりも海面が低い時期に形成されたものである。貝塚ほか[10]は最終氷期において海面が最も低下したのは，このうち立川Ⅱ面と立川Ⅲ面の間の古東京川の時代と考え，当時の海面高度を東京湾口の沖積層基底礫層〔BG〕の深さから −130 m と見積った。このように最終氷期の海退極相を，18,000〜20,000 年前に置く考えは，現在でも一般的であり，外国でもこの意見が多数である。

さきにのべたように，日本における先土器時代の遺跡は，武蔵野台地では立川ローム層に限られたように 10,000〜30,000 年前までの地層中から発見される。また 30,000 年以前に人類の足跡があったという主張があっても，30,000 年前を境に，このあとの時代に遺跡や遺物が激増することは否めない。したがって人類の大陸からの渡来を考える場合，18,000〜20,000 年前よりも，さらに以前の陸橋の成立が問題となる。

かつて Würm 亜間氷期の海進として "30,000年海進" が提唱されたことがあるが，現在では立川Ⅰ面がこの時代を代表する地形面である。立川Ⅰ面は低海面期のなかの小海進期に形成されたと考えられていて[9]，当時の海面高度は −40 m 前後に推定されている[11]。立川Ⅰ面と三崎面の間の時期，すなわち 30,000〜60,000 年前の海面変化の状況については，ほとんど判っていない。しかし南関東では東京軽石層より上位の武蔵野ローム層をのせる河成面として，中台面が知られている。中台面の勾配はその前後の地形面と比べて急勾配で，著しい海面低下が想定できる。ここでは，中台面と立川面の間の時期，すなわち 30,000〜50,000 年前の海面低下による陸橋の成立を提唱するにとどめる。

4 氷河・周氷河地形と気候変化

後期更新世の日本は，広く氷床におおわれることはなかったが，最終氷期の気候の寒冷化によって，日本アルプスや日高山脈には氷河が発達し，東日本の平野では周氷河地形が形成された。小疇ほか[12]は後立山連峰東面の北股入谷において，端堆石堤の調査から 5 つの氷河進出期を考えたが，このうち最低位にある岩岳端堆石堤は標高 1,100 m 弱にあって，30,000〜50,000 年前の氷河の進出が著しかったことを示している。最終氷期における日本の氷河最拡大期が 30,000〜50,000 年前にあることは，このほか中央アルプスの能沢岳池ノ平モレーンⅠ[13] や日高山脈のポロシリ亜氷期[14]の年代から明らかである。氷河の発達には，積雪量の増加，雪線高度の低下（または山地の上昇）のほかに，さまざまな地域的条件があって，一概には言えないが，日本では 30,000〜50,000 年前の方が 18,000〜20,000 年前よりも気候が寒冷であった可能性がある。

化石周氷河地形のなかでも段丘堆積物やテフラ層中にみられる凍土現象，とくにインボリューションには最終氷期の北海道東部において永久凍土下で生じた大型インボリューションもあるが，関東地方では遺跡の発掘の際に，テフラ層中に波頭状のインボリューションが各地で認められている。南関東でインボリューションが発達するのは，武蔵野ローム層の中・上部と立川ローム層中の始良Tn火山灰の層準付近である。この層準の年代は北海道東部におけるテフラ層中の凍土現象の年代[15]と一致する。インボリューションの形成条件には不明な点も多いが積雪量の少ない寒冷気候が必要とされている。

5 ま と め

後期更新世の日本において，先土器時代文化が認められる直前の 30,000〜50,000 年前に，最終氷期における寒冷期の極相が考えられる（図2）。日本海におけるピストンコアの有孔虫群集と酸素

図2 広域テフラと後期更新世の編年

^{14}C年(B.P)	広域テフラ 九州	中国〜中部	関東	東北	北海道	関東ローム層	地形面	氷河・周氷河	自然環境 海面変化	日本海の海況
10,000						黒土	拝島面	氷河の進出期／インボリューション	低 ← → 高	対馬暖流の流入
			板鼻黄色軽石	八戸降下軽石		立川ローム層	立川III面	白馬沢		津軽海峡から親潮の流入
					恵庭a降下軽石		立川II面	金山沢	古東京川	
20,000	始良Tn火山灰		板鼻褐色軽石					赤倉沢		黄河からの淡水流入による塩分低下
30,000		鹿沼軽石		支笏第一降下軽石			立川I面		小海進？	
40,000		Pm—IV		八崎軽石		武蔵野ローム層		岩岳	陸橋の出現？	対馬暖流の流入しない閉鎖型寒冷海況
	大山倉吉軽石	湯ノ口軽石					中台面		
50,000	阿蘇4火砕流	Pm—III 東京軽石								
60,000		Pm—II EPm					三崎面			

広域テフラは註3)，地形面は註9),10)，氷河・周氷河は註12)，日本海の海況は註16)を主に参考とした。

同位体比によると，60,000〜30,000年前までの日本海は，寒冷な安定した海況で，対馬暖流は流入していなかったと考えられている[16]。このことが対馬海峡の閉鎖，すなわち陸橋の出現に直接つながるかどうかは興味ある問題である。いずれにしても，30,000〜50,000年前という年代は，^{14}C年代の測定限界に近く，最終氷期の編年を行なう場合，他の方法で充分チェックする必要がある。

なお中期更新世については，約550,000年前と約250,000年前に著しい海面低下が考えられる。人類がこの陸橋を利用したとすれば，いわゆる前期旧石器の遺跡は，多摩ローム層およびその相当層を探索することによって発見できよう。

註
1) 町田 洋・新井房夫「広域に分布する火山灰」科学，46—6，1976
2) 町田 洋ほか「南関東の立川・武蔵野ロームにおける先土器時代遺物包含層の編年」第四紀研究，10—4，1971
3) 町田 洋『火山灰は語る』1977
4) 立川ローム層中の火山ガラスが極大を示す層準は，第2黒色帯直上とソフトローム下部の2ヵ所ある。前者はバブル・ウオール型の火山ガラス（屈折率：1.499〜1.501）を主体とすることで始良Tn火山灰と同定できる。後者はUG火山灰とよばれて，パミス型の火山ガラス（屈折率：1.501〜1.503）からなり，北関東の板鼻黄色軽石層に対比できる可能性が強い。なおUG火山灰は，関東の細石器文化（III

文化期）の層位を考えるうえで重要なテフラである。
5) 小田静夫「先土器時代の東京」どるめん，15，1977
6) 赤澤 威ほか『日本の旧石器』1980
7) 小田静夫「広域火山灰と先土器時代遺跡の編年」史館，11，1979
8) 町田 洋「岩戸遺跡のテフラ（火山灰）」大分県岩戸遺跡，1980
9) Machida, H.: Pleistocene sea level of South Kanto, Japan, analysed by tephrochronology, Quaternary Studies, Royal Soc. New Zealand, Bull 13, 1975
10) Kaizuka, S., Naruse, Y., & Matsuda, I.: Recent formations and their basal topography in and around Tokyo Bay, Central Japan, Quaternary Research 8, 1977
11) 成瀬 洋「日本における更新世後期の高海面」大阪経大論集，152，1983
12) 小疇 尚・杉原重夫ほか「白馬岳の地形学的研究」駿台史学，35，1974
13) Kobayashi, K. & Shimizu, H.: Significance of the Ikenotaira interstadial indicated by moraine on Mt. Kumazawa of the Kiso Mountain range, central Japan, Jour. Fac. Sci., Shinshu Univ. 1, 1966
14) 小野有五・平川一臣「ヴュルム氷期における日高山脈周辺の地形形成環境」地理学評論，48—1，1975
15) 小疇 尚「氷河・周氷河からみた日本の最終氷期」月刊地球，43，1983
16) 大場忠道「最終氷期以降の日本海の古環境」月刊地球，43，1983

特集●日本旧石器人の生活と技術

旧石器研究の動向

宮城県地方で近年発見されつつある石器類は，アジアにおける前期あるいは中期旧石器文化の中でどう位置づけられるだろうか

日本の前期旧石器文化／アジア地域の中期旧石器文化

日本の前期旧石器文化

東北歴史資料館研究員
岡村道雄
（おかむら・みちお）

座散乱木遺跡などの発掘によって日本の前期旧石器文化の存在が明白になりしかもそれは旧人の仲間が残したとみられる

1 前期旧石器研究の3つの流れ

群馬県岩宿遺跡で後期旧石器文化が確認された直後から，より古い文化が探究され，日本の前期旧石器文化の存否が問題にされるようになった。

まず，1953年には杉原荘介が，青森県金木の「石器」を日本最古と考え，発掘調査を実施した。しかし，調査直後いくつかの理由で偽石器であると決断した。そして，その後杉原は，前期旧石器の存在を否定する立場に立つようになる。

一方，芹沢長介は，1964年に大分県早水台遺跡を発掘して，日本に前期旧石器時代（芹沢独自の時代区分であり，後期旧石器時代の前をその研究の開始に当ってひとまず前期旧石器時代とまとめて呼んだ）の文化が存在すると主張した。ついで，芹沢は早水台遺跡の類例を求めて，北関東の「珪岩製旧石器」の調査に着手する。そして，「珪岩製旧石器」の性格や北関東の基本層序とその年代が次第に明らかにされた。しかし，考古学・地質学者[1]から以下のような疑問が提示されるようになった。

①石器の産出層は，土石流的な二次堆積，崖錐堆積，火山泥流堆積であり，自然の営力による岩石の破砕が起こる条件をもつ。②背後地にある基盤岩に由来する石からなる膨大な量の「石器」が，広範囲で一定しない場所から出土する。③「石器」は，ほとんど石の節理に沿って平らに割れ，貝殻状に割れた面は縁辺の微細な剥離痕を除いて少ない。そして，形，大きさ，「二次加工」などに斉一性がない。なお，使用による破損，打痕，磨滅などの痕跡もない。④「石器」産出層が新しいにも係わらず，石器は著しく原始的であり，その直後に続く日本の旧石器とは大きな隔りがある。

これに対して芹沢は，主に前述の③について石器群そのものの分析から，その石材，形態，組成，製作法には一定の特色があるとして，人工品説を主張した。さらに，J. M. コールズの3条件，A. S. バーンズの鈍角剥離出現率などを用いたり，使用痕の検出に努めるなどして自説を補強した[2]。この過程を日本前期旧石器存否論争という。

一方，岩宿遺跡が発掘された前後，その周辺で相沢忠洋によって前期旧石器時代に相当する地層から，不二山・権現山・桐原の3遺跡が発見された。これらは芹沢によって，中部ローム期石器群として正当な位置が与えられ，「権現山型尖頭石器」の存在が注目された[3]。しかし，これらは発掘されることもなく，「珪岩製旧石器」研究の影に隠れてしまった。しかし，後にこれらに類似した石器が出土した山形県上屋地遺跡などを調査し

た加藤稔，そして筆者は再びこれらを取りあげ[4]，前期旧石器の存在を主張した。

このような研究の蓄積はあったものの，宮城県での前期旧石器の発見があるまで，その文化の存在を確信する研究者はごく少数であった。

2 宮城県での前期旧石器の発見

宮城県では，1975年に石器文化談話会が結成され，本格的な旧石器研究が開始された。その当初から座散乱木遺跡道路断面の最下部（12・13層）からは「権現山型尖頭石器」が採取され，前期旧石器が包含されている見通しがあった。そして，1・2次調査を経た1980年春，12・13層上面からまとまって石器が採取された。それらは，包含層や石器の特徴から前期旧石器である可能性が高まった。ついで，同地域の同層準からはまたたくまに多数の石器が採取され，しかも同年夏には座散乱木遺跡よりもさらに下層の馬場壇A遺跡からも石器が採取され始めた。そして同年秋には，仙台市山田上ノ台遺跡で5×5mグリット2ヵ所が発掘され，約3万年前の川崎スコリア層のはるか下位から合計30点の石器が出土した[5]。翌年秋には，座散乱木遺跡3次調査を実施し，地表下約2.2mの13層上面から49点の石器が，そしてさらに約50cm下位の15層上面から14点の石器が出土した[6]。また，この年の暮れには，山田上ノ台遺跡の北約200mの北前遺跡で，川崎スコリア層のはるか下位から2ヵ所のグリットで合計20点の石器が発見された[7]。なお宮城県には，薬莱山麓遺跡群を含めて現在少なくとも25ヵ所の前期旧石器時代遺跡が発見されている。

3 宮城県内の3遺跡と前期旧石器の確認

まず座散乱木，山田上ノ台，北前遺跡出土の石器が人工品であるかどうかを検討してみよう。

①座散乱木遺跡は，この地域の先史時代遺跡の立地と同様，丘陵上の南東向きの緩斜面に残されている。しかも，古墳時代に至るまで断続的にこの場所が選択的に利用される。

②各遺跡の立地する地形は，ほとんど平坦であり，大規模な二次堆積や攪乱がなかったことを示し，自然営力で石が破砕したとは考えられない。

③座散乱木・北前遺跡では，当時の地表面である各層の上面に石器がはりつくように出土し，各層間からは出ない。平面的にも石器はまとまって出土し，そこでの人間活動の結果を示している。

④各遺跡とも，石器の石材は基盤岩でなく，珪質の頁岩・凝灰岩，安山岩などが，選択的に利用されている。

⑤各遺跡の石器は，素材面・二次加工面ともに貝殻状に割られていることが多く，破損や微細な使用痕も認められる。

⑥各石器群には，後述するような共通性と層位的に変遷する要素があり，周辺大陸の様相と類似点も多く，東アジアの旧石器文化に包括される。

以上より，これらが人工品であることは疑いない。つぎに，その年代が重要課題となる。この点，山田上ノ台・北前遺跡は，約3万年前に堆積した川崎スコリアのはるか下位から出土したので問題はない。一方，座散乱木遺跡周辺については，地質・土壌学者と踏査し，図のような基本層序を把握した。とくに，肘折軽石（HP），12〜15層（YP2），馬場壇軽石（BP）は，特徴的な層相をもちこの地域の鍵層となった。つぎに，熱ルミネッセンスとフィッション・トラック法によって，座散乱木遺跡12・13層は約4.1〜4.2万年前，同15層は約4.2〜4.4万年前という年代が得られた[6]。さらに，BP下の熱ルミネッセンス年代は，上位で約5.2万年前，下位で約7.3万年前である。こうして，県北部の資料も約3万年前より古い前期旧石器時代に属することが明白となった。

ところで，前期旧石器を包含したYP2の上面には，インボリューションが顕著に認められた。これは周氷河現象のひとつで，北上川上流域などで約3.3万年前に起こったものに比定されよう[8]。したがって，YP2上面（12層上面）には，約3.3万年以前から約4万年前ごろまでの時間幅があることになる。このことは，YP2の上面が明瞭な不整合面をなし，下位に比べて粘土含量や腐植が多いこと[6]，宮城平A遺跡の同層上面から約3万年前ごろの時期的特徴をもつ石器が出土していること[9]でも説明される。

4 宮城県前期旧石器時代遺跡の特色

ここでは，約3万年前を遡る13ヵ所の遺跡から合計約200点の石器が断面採取や発掘によって層位的に出土している江合川中流域を中心に，宮城県の前期旧石器文化の特色を述べよう[6]。この地域の12層以下には，7枚の前期旧石器時代生活面が確認されている（図参照）。このうち12・

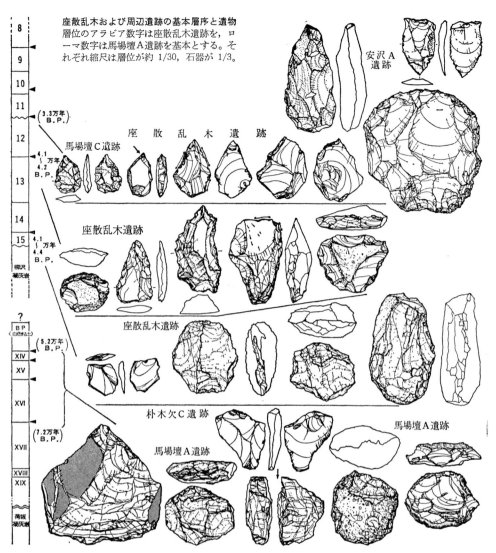

13層上面からは各々約60点の石器が発見されているが，両者にはほとんど差がない。つぎに15層上面からは，座散乱木遺跡発掘資料14点が得られている程度で，とても全体像はつかめない。またBP下の4層については，馬場壇Aと朴木欠C遺跡から合計約30点の断面採取石器があるにすぎない。したがって現状では，層位と石器の特色から，12・13層上面とBP下の石器群に新旧二大別するのが妥当であろう。

BP下では，粗粒で劈開性の強い安山岩などの石材で，チョパー，チョピング・トゥール，彫刻刀形石器などが製作されるという特色をもつ。そして残りの約3/4は，緻密で貝殻状に割れやすい珪質の頁岩・凝灰岩などの石材で，二次加工ある剝片や割片が作られている。いずれも，5cmを越える大形の石器が多い。素材の獲得には両極打法も用いられ，交互剝離による加工も特色である。また粗い二次加工が目立ち，平坦で奥まで入る加工は少ない。なお山田上ノ台遺跡の石器群も，その諸特徴からこの仲間に含められる。

これに対して，12・13層上面石器群は，緻密な石材のみが用いられ，各種のスクレイパーが主体的に製作され，尖頭器とあわせて石器組成の約半数を占める。そして，ごくわずかであるが彫刻刀形石器，楔形石器，鋸歯縁石器，石斧，ピック，クリーバーがある。スクレイパーや尖頭器には，平坦で奥まで入る剝離が多用され，インバースリタッチや鋸歯状の剝離も特色となる。石核には，いずれも素材の稜に規定されて剝片生産が進行した円盤形，チョピング・トゥール状，直方体状のものが知られる。剝片は，剝離角が100～120°のものが7～8割，背面に横あるいは斜め方向の剝

離があるものが約7割，背面に自然面を残すものが3〜4割，打面調整されているものが1〜2割，打面が自然面のものが約3割あり，長幅とも4cm前後の三角形や台形のものが多い。とくに，円盤形の石核は，BP下の石器群とともにこの期の特色となっている。また，剥片の打面や背面に自然面を残すものが多いという特徴は，剥片の生産性が低いことを示す。なお，北前遺跡の石器群も，その特徴からこの仲間に含められよう。

5　提起する諸問題と今後の課題

①宮城県の前期旧石器は新旧に二大別され，BP下の石器群は約7.3万年前まで遡り，今のところ年代が判明した日本最古のものである。また，不二山遺跡の石器群も，全体に大形で，粗粒の石材で作られたチョピング・トゥールが組成され，湯ノ口軽石層下の暗色帯に包含されていたこととも考えあわせると，この群に含められよう。この群の特色は，約4.3万年前の座散乱木遺跡15層上面の石器群まで続く。一方，約4.3万年前に堆積した八崎軽石層直下に包含されていた権現山遺跡石器群は，次の12・13層上面石器群の仲間と考えられる。したがって，約4.3万年前ごろに小さな画期があった可能性がある。なお，早水台遺跡の石器群には，石英岩系の粗粒な石材で作られたチョパー，チョピング・トゥール，両面加工石器などの大形石器があり，スクレイパーが少なく，両極打法による剥片生産や交互剥離が見られる。これらの特色は，BP下の石器群と共通性をもつ。しかし，早水台遺跡では粗粒な石材が圧倒的に多く，前述の大形石器が組成の半数近くを占め，石核が多く基本的に1個の石核から1枚程度の剥片しか生産されないという大きな相違が認められ，年代差あるいは地域差が考えられる。

②12・13層上面で代表される石器群は，約3.2万年前よりやや古い桐原遺跡（約3.2万年前の鹿沼軽石層の直下）まで継続する。逆に，約3.2万年前よりやや新しい栃木県向山遺跡鹿沼軽石直上石器群[4]やインボリューションの起こった年代から考えて少なくとも約3.3万年前よりは古い宮城平A遺跡12層上面石器群[9]は，後期旧石器時代に含められ，少なくとも後期旧石器時代の始源は約3.3万年前まで遡る。したがって，日本の前期旧石器時代と後期旧石器時代の境は，約3.3万年前に求められる。なお，この年代を挟んで新旧の石

器群は，かなりの差をもつ。

③前述の石器群は，約7万年前から3万年前をやや遡る時期に残されたもので，大陸の中期旧石器時代に相当する年代をもつ。そして，シベリアのバルウシュキナ遺跡，ドゥグラスク洞穴などや，中国の山西省の交城県遺跡群，丁村遺跡，許家窯遺跡などや周口店洞穴第15地点などの中期旧石器群と共通する要素がある。例えば，三角形の剥片尖頭器，円盤形石核と三角形および台形などの剥片の存在などである。したがって，日本の前期旧石器の多くは，東アジア北半に広がっていた中期旧石器文化に包括されるものと考えられ，中国の丁村人などや愛知県の牛川人のような旧人の仲間が残したものである可能性が高い。

④東アジアの北緯55°近くにまで，中期旧石器時代の遺跡が分布する。このうちシベリアのものは，ムスチェ文化的要素を含む剥片石器を主体とするらしい。また中国の北緯約35°から40°の地域に密集している中期旧石器時代の石器群は，シベリアのものに比べてさらにムスチェ文化的要素は薄く，礫器がかなり共伴する。日本の石器群は，後者に似る要素が多い。同緯度地域であり，系統関係をもつために類似するのであろう。

⑤約5万年前を遡るBP下の遺跡は未発掘で，さらに下層には火山灰層が良好に堆積している。そして，いくつかの地点に泥炭層の発達が認められる。まだ資料が少ない12〜15層をも含めて，さらに調査を継続していかなければならない。

註
1) 新井房夫「北関東ロームと石器包含層」第四紀研究，10—4，1971
2) 芹沢長介編『最古の狩人たち』講談社，1974
3) 芹沢長介「日本の旧石器(3)」考古学ジャーナル，3，1966
4) 岡村道雄「日本前期旧石器時代の始源と終末」考古学研究，91，1976
5) 仙台市教育委員会『山田上ノ台遺跡発掘調査概報』1981
6) 石器文化談話会編『座散乱木遺跡発掘調査報告Ⅲ』1983
7) 仙台市教育委員会編『北前遺跡発掘調査報告書』1982
8) 井上克弘ほか「北上川上流域における周氷河現象と火山灰層序」第四紀研究，20—2，1981
9) 鎌田俊昭・藤村新一「宮城県大崎地方西北部における先土器時代遺跡群」宮城県多賀城跡調査研究所研究紀要，Ⅱ，1975

アジア地域の中期旧石器文化——

筑波大学大学院
松本美枝子
（まつもと・みえこ）

——「剝片尖頭器」の拡がり——

アジア地域，とくに中央アジアの剝片尖頭器は典型ムステリアン，ルバロワ，小形尖頭器など実に多種多様な形態がある

中期旧石器文化に特徴的な石器のひとつにいわゆる「剝片尖頭器」がある。近年，宮城県北の座散乱木遺跡で発見された第13層の石器群は，これを主とし，層位的にも，自然科学的手法による絶対年代においても，後期旧石器を遡ることが明らかとなった[1]。まだ類例に乏しく，層位的に未解決の問題が残されているにしろ，古くに報ぜられた権現山I遺跡でも良好な資料が得られている[2]。これらの前・中期旧石器文化に関する研究は端緒を切ったばかりであるが，その文化的系譜を考える上で，アジア大陸の該当期の文化をもって考察することは，あながち誤まりではなかろう。

ところで，シベリアの中期旧石器文化は主として中央アジア地域との関連性をもって論ずる必要のあることが指摘されている[3]。

そこで今回は，日本の研究者に触れる機会の少ないソ連邦中央アジアの中期旧石器文化期の遺跡の中から，「剝片尖頭器」を持つ石器群の一部をとりだして概略を述べるとともに，北・東アジアの若干の遺跡をも考察の対象とし，カスピ海以東の地域における中期旧石器文化を概観してみようと思う。なおオリジナルタームに沿って記載したので，用語不統一となった点は御寛容願いたい[4]。

1 ソ連邦中央アジア

比較的に旧石器研究が進んでおり，他地域に比して遺跡数が圧倒的に多い。ラーノフは良好な資料を持つ遺跡を4グループに分類している[5]。またカザフ共和国のカラタウ市周辺のシルダリア川支流域で発見された14ヵ所の開地遺跡は，3つの編年グループに分けられている。第1グループはシェレ-アシューリアンに，第2グループはアシューロ-ムステリアンに，第3グループはムステリアンにそれぞれ比定されるという[6]。

バリハノフ記念遺跡[6,7]（図1・2） チムケンツキー州，チムケント市北方143 km，アリスタンディ川流域第3段丘の水成堆積物中で発見。最上

位の後期旧石器を除く4枚の文化層がムステリアンに比定された。第2文化層以下で出土した尖頭器は計9点。他に円盤形石核，打割具，チョッピング・トゥール（?），エンドスクレイパー，グレイバー，不定形な縦長剝片素材のスクレブロなど。前述の第3編年グループに属すが全体としてムステリアンに特徴的な石器は少ない。前期旧石器からの古い製作技術を留めていることが特徴で，80,000±140/170の絶対年代が出されている。

ダム-クーリ遺跡[8]（図3・4） フェルガナ南方，北にフェルガナ盆地，南にカトラン-タウ山脈をひかえるシャフマルダン中流域のマルゲルスンサイ川左岸に位置する。アディール・ウバーレに散在する旧石器採集地点の一つ。採集物約200点は，原位置を保っていない。円盤形など各種の石核，石刃，剝片，ムステリアン尖頭器など。

アビラフマト遺跡[9]（図5・6） タシケント北東約60 km，チムガン山脈中を流れるチャトカル川右岸に位置する。石灰岩質の岩陰遺跡で，3本のトレンチが入れられた。堆積層厚約10 m，文化層は13枚，出土石器は約30,000点に達している。下層は円盤形石核，スクレイパーや尖頭器，中層はプロト角柱状石核と剝片・石刃，上層は基部整形の縦長石刃をそれぞれ主とし，最上層では後期旧石器文化の最も古い段階を示す。諸説があるが，ルバロワ技法の出現と発展，ムステリアン最終末から後期旧石器文化への移行段階を示す多層位遺跡として極めて重要である。ラーノフによるルバロワ型のグループ。図は「ルバロワ-ムステリアンの石器」で，素材の特徴から，上層の石器群に属すものであろう。

クリブラク遺跡[10]（図8～10） シルダリア河川系のアハンガラン川右岸支流，さらにキジタルマサーヤ川左岸支流のザルサヤ川右岸，クリブラク湖岸に位置する。上位3枚に後期旧石器，最下位に後期アシューリアン，そして堆積層厚1.3 mの5枚のムステリアン層を持つ。石器は8,300

点，粗雑なスクレイパー状石器，ノッチ入り石器，スクレブロ，尖頭器など。鋸歯状石器がとくに多く，デンティキュレイト－ムステリアンに分類されている[11]。Ⅴ層の「ムステリアンの石斧を想起させる特徴的な両面加工の石器」（図9）は，形態的に尖頭器の可能性が強い。

ボズスⅠ・Ⅱ遺跡[12]（図7・11）　Ⅰはカラカミッシュとボズス運河合流地点，シャイムクプリックの下部ボズス水力発電所近郊に，ⅡはⅠよりも若干南方，ボズス河岸のシュラリサイに位置する，ともに多層位遺跡。ボズスⅠのムステリアンコンプレクスは146点，単一・多打面石核，ナイフ，ノッチ入り石器，石錐，石斧，鋸歯状石器，スクレブロ，尖頭器など。ボズスⅡでは297点，石器組成は基本的にⅠとかわらないが，剥片類が圧倒的に多い。

クトゥルブラク遺跡[13]（図12～14）　サマルカンド北部を流れるゼラフシャン中流域左岸，チャルフィン村から700～800m地点に位置する。遺物は100m²ほどの範囲に散在し，その一部が発掘調査された。5枚のムステリアン層で，4,000点以上の石器が出土。各文化層の石器組成は，基本的にスクレブロ，リマース，ノッチ入り石器，鋸歯状石器，チョッパー，チョッピング・トゥール，各種の石器及び二次加工のある剥片など。これらに50点以上の尖頭器が共伴している。

ズラブラク遺跡[13]（図15・16）　クトゥルブラク遺跡東1km地点に位置し，ズラブラク川西岸の3ヵ所の試掘竪坑から，約100点の石器が出土した。2～3枚の文化層が確認され，上層は円盤形石核，二次加工のある剥片，スクレイパー，スクレブロ，尖頭器など。下層では尖頭器，スクレブロなどに「尖頭器-片刃石器」と分類された複合石器が共伴する。

オブラシュナーヤ道路遺跡[14]（図17）　サマルカンド市内，オブラシュナーヤとエンゲルス通りの交差点北西30m地点で，地表下2.5mの砂質礫層より発見。極めて特徴的な急傾斜のムステリアンリタッチが施された良好な資料だが，残念ながら単独出土である。

テシク－タッシュ遺跡[14,15]（図18～20）　パミ－ル－アライ系のバイスン－タウ山脈斜面上にある洞窟遺跡。山麓中をぬうトゥルガンダリヤ渓谷から標高差1,500m上位にある。包含層厚約1.5m中にムステリアン文化層が5枚。全2,520点

にはムステリアンに特徴的な石器が多い。円盤形など各種の石核，チョッパー及びハンドアックスタイプの大形石器，スクレイパー，ルバロワタイプの縦長剥片，スクレブロなど。尖頭器は基本的に2タイプに分けられる[14]。ラーノフによる典型的（山岳）ムステリアン型のグループ。

カイラク－クム遺跡[16]（図21～23）　東西にキロフ町とレニナバード近郊のホジェント町を望み，シルダリヤ川両岸にまたがる開地遺跡。調査区域の全長は約70kmに及び，ホジャーヤゴナ（7地点）とナウカット（24地点）よりなる。採集遺物は1,040点，スクレブロ，円盤形など各種の石核，スクレイパー，石刃など。尖頭器の形態は，基本的に三角形と葉形で，石刃もしくは大形の石刃様剥片を素材としている。22はボズスⅡ遺跡の複刃スクレブロに酷似する。ラーノフによるルバロワ－ムステリアン型のグループ。

ジャル－クタン遺跡[7,16]（図25・26）　サマルカンド北方を流れるゼラフシャン川支流のビュラバン川右岸，シャフリスタン村北5kmに位置する大規模なムステリアン遺跡。3ヵ所の試掘竪坑と4本のトレンチで発掘調査された。全670点で定形石器は30点。円盤形など各種の石核，二次加工を持つ石刃・剥片，種々のタイプのスクレブロ，尖頭器など。25は通常の尖頭器と異なり，腹面に加工が施されたもの。他に類例は少ない。ラーノフによるルバロワ型のグループ。

オグチーキチク遺跡[17]（図27・28）　ドゥシャンベ南東120km，バフシュ川流域，海抜1,200mに位置する岩陰遺跡。堆積層厚4m，全989点中，特徴的な石器は463点。後期旧石器的特徴を持つ縦長剥片，典型的ムステリアン型凸刃単刃スクレブロ，ノッチ入り石器，円盤形石核など。尖頭器には，両側縁の加工が入念に行なわれた細身の形態が多い。ラーノフによる典型的（山岳）ムステリアン型のグループ。

カラ－ブラ遺跡[7,16,18]（図24・29・30）　クルガン－チューベ市南西37km，ジリクーリ村から北東5kmに位置する。2m以上の包含層中の遺物は，堆積状況により，原位置を保っていないと判断された。総数8,000点には，9地点の試掘竪坑とトレンチで出土した2,070点の石器が含まれる。チョッパー，チョッピング・トゥール，円盤形石核，スクレブロの他，約6割を剥片・石刃類が占める。ラーノフは比較的小形の礫器類をソア

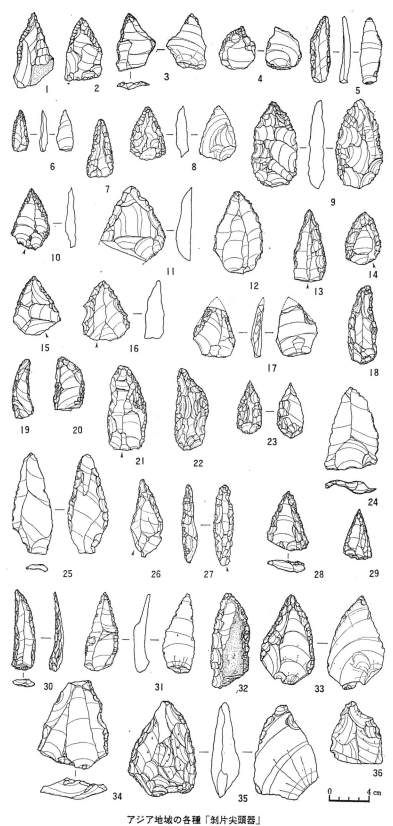

アジア地域の各種「剥片尖頭器」

ニアン伝統のムステリアン型に分類し，一方尖頭器については，カフカス地方や近東の資料との類似性を指摘している。素材の規則正しい形態と尖端を持つ石器（図24）も若干数あり，研究者によってはこれらを尖頭器として算入する場合もある。

カラークム遺跡[18]（図31・32）
「ルバロワジアン-ムステリアン様相の開地遺跡」と説明が付されているだけで，位置・詳細は不明。やや先頭部の鈍った尖頭器はサイドスクレイパーの可能性もあろう。二次加工のあるルバロワ剥片，円盤形石核，石刃石核，スクレイパーなどが共伴する。

ベガルスランダーク遺跡[19]
（図33）ウズボイ地区，ブルグンからゲクデレーにむかう道路沿い，ウズボイ北方39kmに位置する。表面採集で量も充分でないため，遺跡の所属年代を確定することは困難だが，石器の型式学的特徴と組成から，ムステリアン期に該当すると考えられる。ムステリアン尖頭器1点と円盤形石核，スクレブロ，縦長剥片などが採集された。

2 北アジア・中国

北アジアの該当期の資料は，すでに紹介された遺跡[20]がすべてであり，増加資料はない。ドウブグラスク遺跡[21]（図34），バルシュキナ遺跡[22]（図35），バイガンスキー河岸遺跡[22]（図36）などである。

中国における該当期の遺跡の発見は極めて散発的で，その数も決して多くはない。大形石器の優勢な汾河流域の汾河（丁村）文化と，比較的小形石器を持つ涇河・渭河両流域の涇渭文化に

35

分けられている[23]。丁村遺跡[24]，許家窰遺跡[25]，交城遺跡[26]，窰頭溝遺跡[23]などがあげられる。この地域に関しては，最近報告された論考[27]をもとにして，後日論じよう。

3 小　結

中央アジアの「剝片尖頭器」を形態の上から大雑把にまとめてみると，典型的ムステリアン尖頭器，二次加工を持つルバロワ尖頭器，柳葉形・葉形の小形尖頭器，調整打面を持つ三角形の尖頭器，腹面調整剝離のある尖頭器など，実に多種多様である。これらをリュービン[28]は 18 型式に，ラーノフ[29]は 17 型式にそれぞれ分類している。尖頭器はスクレブロ同様，出現頻度の高い石器のひとつで，両者をあわせると，全資料中の石器総数に占める割合が 70～100% となる石器群も少なくない。一方わずか 3% に留まる例もある。石器群の性格を検討する際に，尖頭器の数量や形態のみに着眼することはもちろん論外であるが，その機能の問題が石器文化の内容に関連して興味深い研究成果を提示した好例をあげることができる[30]。さらに尖頭器に限らず，各石器群の主要石器の素材となる剝片の多くには，円盤形石核に由来するものが含まれている。この点からみれば，礫器が相対的に多いムステローソアン型は，定形石器を作り出す石器製作技術において，他との異質性を強調されるにあたらない。したがって，石器群の諸類型を検討するにあたっては，研究者が石器の型式学的研究に重点をおきながらも，しばしば，その量的な相関性を，解釈上の論拠として錯行している可能性に留意せねばならないであろう。

一方，北アジアや中国では資料が乏しく，石器群の内容・尖頭器の形態に，中央アジア各地のような多様性はない。しかし，バルシュキナ遺跡や丁村遺跡の特徴的な大形の尖頭器は，特異な存在である。あるいは遺跡によっては，型式学上尖頭器に分類されていないことも充分考えられよう。

各地域の石器組成を総括的に考察すると，円盤形石核，サイドスクレイパー（スクレブロ）は普遍的に存在し，中央アジア以外では，彫器の出現率が低くかつ，現在のところではリマースが存在せず，この点では大きく異なる。ともかくも，北・東アジア大陸での新資料の蓄積が切望される。

本稿作成にあたり，貴重な文献を贈与して下さいました加藤九祚先生に厚く御礼申し上げます。

註

1) 石器文化談話会『座散乱木遺跡』1983，同『座散乱木遺跡をめぐる自然科学的アプローチ』1983
2) Maringer, J., *Anthropos*, 51, 1956；相沢忠洋，第四紀研究，1—1, 1957
3) 加藤晋平，考古学ジャーナル，51, 1970；同，日本の旧石器文化，4, 1976；同，どるめん，30, 1981
4) Ostrokonechika と Ostr'e は「尖頭器」とした。
5) Ranov, V. A., *L'Anthropologie*, 76—1・2, 1972；Ranov, V. A. *et al.*, *C. A.*, 20, 1979，加藤，1981，前掲書など
6) Alpuisbaev, Kh. A., Pamyatniki nizhnego paleolita yuzhnogo Kazakhstana, 1979
7) Beregovaya, N. A., *MIA*, 185, 1972
8) Ranov, V. A. *et al.*, In : Drevnyayai rannesrednevekovaya kyl'tyra Kirgizs tana, 1967
9) Suleimanov, R. K., In : Russian Translation Series of the Peabody museum of Archaeology and Ethnology, Ⅲ-1, 1966；Gupta, S. P., Archaeology of Soviet Central Asia and the Indian Borderlands, 1, 1979 など
10) Kasimov, M. R., *MIA*, 185, 1972
11) Kasimov, 1972, 前掲書；Ranov *et al.*, 1979, 前掲書
12) Shishkina, G. V., U Istokov Drevnei Kul'turui Tashkenta, 1982
13) Tashkenbaev, N. Kh. *et al.*, Kul'tura drevnekamennogo veka dolinui Zarafshana, 1980
14) Movius, H. L., Jr., *ASPR*, 17, 1953
15) Okladnikov, A. P., *Asia*, 40, 1940 など
16) Ranov, V. A., Kamennuii vek Tadzhikistana, I. Paleolit, 1965；同 *MIA*, 173, 1971 など
17) Ranov, V. A., In : Arkheologicheskie Rabotui v Tadzhikistane, 15, 1975 など
18) Gupta, 1979, 前掲書
19) Abramova, Z. A., *et al.*, In : Byulleten' komissii po izucheniyu chetvertichnogo perioda, 47, 1976
20) 加藤，1976, 1981, 前掲書
21) Abramova, Z. A., *KS*, 165, 1981
22) Medvedev, G. I., In : Drevnyaya istoriya narodov Yuga Vostochnoi Sibiri, 3, 1976
23) 盖培・黄万波，人類学報，1—1, 1982
24) Movius, H. L., Jr., *Quaternaria*, 3, 1956；裴文中主編『山西襄汾県丁村旧石器時代遺址発掘報告』1958
25) 賈蘭坡・衛奇，考古学報，2, 1976
26) 賈蘭坡・王擇義，考古通訊，5, 1957
27) Seonbok Yi *et al.*, *C. A.* 24-2, 1983
28) Lyubin, V. P., *MIA*, 131, 1965
29) Ranov, 1971, 前掲書
30) Vereshchagin, N. K., In : Pleistocene Extinctions, Martin, P. S. *et al.*, eds., 1967

特集●日本旧石器人の生活と技術

旧石器人のイエとムラ

日本旧石器人はどのような場所に居を構えていただろうか。そして住居や炉は現資料からはどうとらえることができるだろうか

住居とピット

住居とピット

平安博物館講師
鈴木忠司
(すずき・ちゅうじ)

日本先土器時代人は全期間を通じてほとんどが開地遺跡に住んでいた。竪穴を掘ることはまれで、軽構造の住居であった

1 遺構の種類

おもに集落内の施設として設けられた遺構にはA：住居址，B：炉址，C：礫群，D：配石，E：土坑，F：墓などがある。礫群・配石を除く，発見地の主要なものを表示しておく（表参照）。

2 住居址

（1）視点

先土器時代の住居について考える場合には，少なくとも次の3つの視点から検討を加えておく必要がある。1. 住居の設けられる居住地の選択方法，占地様式の問題で，岩陰・洞穴かあるいは開地遺跡かという区別とその意味を探る。2. 住居を人が住む「すまい」として捉え，上屋構造を含めた家屋建築物の構造・規模・機能に主として注意を払う。3. 住居を集落の構成要素として理解し，集落の景観・規模・構造を考える中で，住居の役割や意味を追求する。この場合住居は，世帯とか家族などの1単位あるいはその容器であることに意味がある。

1. は主題から少しずれるが，

竪穴住居・柱穴・炉・土坑検出遺跡一覧表

No.	時期	遺跡名	所在地	住居址 竪穴	住居址 柱穴	炉址	土坑
1	M	浅茅野	北海道宗谷郡猿払村			○C	
2	M	紋別農協牧場	紋別市				○?
3	M	上口A	常呂郡端野町	○			○
4	M	水口A	常呂郡端野町			○A	
5	M	吉田	常呂郡端野町			○A	
6	M	間村	常呂郡端野町			○A	
7	M	中本	北見市	○		○A	
8	M	北進	北見市	○		○A	
9	M	本沢	北見市				
10	M	常川	北見市			○A・D	
11	M	広郷	北見市			○A	
12	M	白滝 Loc. 32	紋別郡白滝村			○A	
13	M	モサンル	上川郡下川町				
14	M	峠下	虻田郡倶知安町				
15	Kn	大平II	青森県東津軽郡蟹田町			○B?	
16	Kn	大台野	岩手県和賀郡湯田町			○?	○?
17	Kn	座散乱木	宮城県玉造郡岩出山町				○
18	Kn	新堤	山形県新庄市		○		
19	Kn	南野	新庄市				
20	P	越中山A'	東田川郡朝日村		○	○C	
21	Kn	横道	西置賜郡小国町				
22	M	湯ノ花	西置賜郡小国町			○?	
23	Kn	御淵上	新潟県南蒲原郡下田村			○B?	○
24	M	荒屋	北魚沼郡川口町				○

37

No.	時期	遺跡名	所在地	住居址 堅穴	住居址 柱穴	炉址	土坑
25	Kn	中台D	富山県東礪波郡城端町				○
26	Kn	鉄砲谷	西礪波郡福光町			○A	
27	Kn	直坂I	上新川郡大沢野町				○
28	Kn	六ツケ塚	茨城県日立市			○C	
29	Kn	鈴木Loc.BIV	東京都小平市			○C	
	Kn	〃 V	〃			○C	
	Kn	〃 IX	〃				○
	?	Loc.CIV	〃			○D	○
	?	Loc.DIII	〃			○D	○
	Kn	〃 IV	〃			○D	○
	Kn	〃 IX	〃			○D	○
30	Kn	高井戸東X	杉並区			○D	
31	Kn	ICU Loc. 15IV	小金井市				○
32	M	上和田城山	神奈川県大和市	○		○A・D	
33	?	復山谷IV	千葉県印旛郡白井町			○D	
34	?	白井第I	印旛郡白井町			○D	
35	M	高根北	印旛郡印西村			○D	○
36	P	駒形	長野県諏訪郡下諏訪町	○		○B	
37	Kn	御小屋久保	茅野市			○B?	
38	M	休場	静岡県沼津市			○B	
39	Kn	西大曲	沼津市				○
40	Kn	子ノ神	沼津市				○
41	Kn	尾上イラウネ	沼津市			○A?	
42	Kn	上野	駿東郡長泉町			○B	
43	Kn	寺谷	磐田市				○
44	Kn	広野北	磐田郡豊田町				○
45	Kn	与島西方	香川県坂出市				○
46	M	田崎	長崎県平戸市		○?		
47	Kn	中山	平戸市			○C	
48	Kn	日ノ岳	北松浦郡田平町			○B	
49	Kn	原ノ辻?	壱岐郡石田町				○
50	Kn	下城I	熊本県阿蘇郡小国町		○		
51	Kn	岩戸	大分県大野郡清川村			○B?	墓
52	M	船野	宮崎県宮崎郡佐土原町				○
53	M	上場	鹿児島県出水市	○		○A	○
54	M	長ケ原	始良郡溝辺町				○

時期区分は，曖昧なところがある。大体の目安と考えていただきたい。
Kn：ナイフ形石器文化，M：細石刃文化，P：槍先形尖頭器文化。
土坑欄には，柱穴状のピットも含む。

是非ふれておきたい。3.はもっとも重要な観点である。しかし，個々の住居遺構を検出・調査していく過程の延長に，集落の景観や構造を把握するという方法を採ることができる，縄文時代の研究とは違って，先土器時代の場合には，ほとんど目に映る構造物としての住居址を検出できないので，ここで直接扱うには無理がある。

石器や礫の分布の意味が解析される中で論じられるべきであろう。

（2） 岩陰と開地遺跡

日本先土器時代人はどのような場所に居を構えていたのだろうか。岩陰・洞穴と開地遺跡との割合はどれほどであろうか。この時代の遺跡の大部分が開地遺跡であることは，衆知の事実だが[1]，岩陰遺跡には研究上重要であるものが多いことや，西ヨーロッパを中心とした洞窟壁画の存在もあってか，実際以上に強く印象づけられているように思う。この点をはっきりした数字でおさえておこう。

細石刃文化を例にとってみると，筆者の集計では，全国で総遺跡数 482 を記録することができる[2]。この中には，長崎・佐賀両県下所在の 94 遺跡が含まれている。ここには縄文時代草創期に属するものがかなり入っている。厳密なふり分けができないので，これらをすべて縄文時代の所産と考えておこう。それでも 400ヵ所弱の遺跡が残る。

このうち，岩陰・洞穴遺跡は，長崎県福井，同直谷，大分県聖嶽の 3 例を挙げうるにすぎない。したがって，岩陰を住居とする例は 1% にも満たず，このような居住形態がいかに例外的なものであったかがわかる。こうした特徴は先土器時代全般を通じての一貫した伝統であったとみて差し支えない。

岩陰か開地遺跡かという見方は，住居構造の差を問題にしているのではなく，居住地の選択方法を問うている。占地様式の背景には，少なくとも次の2つの事柄と関係がある。第1は，生活空間・土地利用に関してである。細石刃文化を例にとって，それがどのような地理空間の中で営まれたものであったかを述べてみよう。遺跡は，地形的には現在の平野部（洪積台地を含む）を中心とした低標高の平坦地形上に顕著な存在を示している。このような占地様式を"平原型"の占地類形と呼ぶ。信州高原地帯には"高原型"を認めることができる。しかし，これはごく一部の局所的な現象である[3]。

これを反対側からながめると細石刃文化では，日本列島の山岳，山地（深山），谷，内陸山間盆地，

海岸などの地理空間を，未だ彼らの生活領域とはしていなかったことを示している。これらの空間は本来縄文以降に拓かれた生活領域である。

岩陰の多いのは，山地や丘陵部である。ここを居住域としなかった細石刃文化人が，基本的に岩陰を利用しなかったのは，当然であった。

第2は生業との関連である。細石刃文化の遺跡の立地を集計したところ，この大部分が海から離れた内陸部（河川との関係で言えば中流域）の段丘上などに位置する開地遺跡であるという傾向がはっきり出た[4]。これは，当時の経済基盤に未だ海岸での漁撈活動が加わっていなかったことを意味している。現在の平野部地域を中心とする，内陸での獣類の狩猟と植物質食料の採集とによって，もっぱら支えられていた訳である。これは先土器時代全体を通じての特徴でもある。山野の自然の生産物を獲得して生計が成り立っている以上，とくに有用食料資源の器として，居住地周辺の地理空間を評価しなければならない。

このほかにも，集団の規模，遺跡の性格などを考慮して，両者の区別の意味を論ずべきである。いずれにしろ，開地遺跡か岩陰かといった一見単純な現象の背景には，時代の本質的性格を反映した奥深い脈絡のあることを銘記しておきたい。

（3）住居址の実例

さて，開地遺跡に住んだ人々が，どのような構造物をもって「すまい」としていたであろうか。

竪穴や柱穴などが検出されて，住居址の可能性が指摘されているものを列挙すると，1. 北海道上口A，2. 同中本[5]（図参照），3. 山形県越中山A′[6]（図参照），4. 同新堤，5. 神奈川県上和田城山，6. 長野県駒形，7. 熊本県下城Ⅰ，8. 鹿児島県上場遺跡の8例9件を挙げることができる（表参照）。はなはだ少ない。1. 上口A地点では，長径 1.9×短径 1.7×深さ 0.07m（以下同様）の皿状の竪穴が検出された。柱穴，炉は未検出。2. 中本遺跡では，3.4×2.4×0.2m の例と 3×2×？m の例とがある。共に柱穴を欠くが，後者は竪穴内に地床炉をもつ。3. 越中山 A′は，中央のファイヤーピットと思われる遺構をとり囲むように5つの柱穴が検出された。掘り込みは未確認。4. 新堤は，3つの柱穴状土坑が検出されたにとどまる。5. 上和田城山，4×3.2×？m の皿状の掘り込みである。掘り込みの内部に焼土面と内と外に多数のピットがある。6. 長野県駒形の

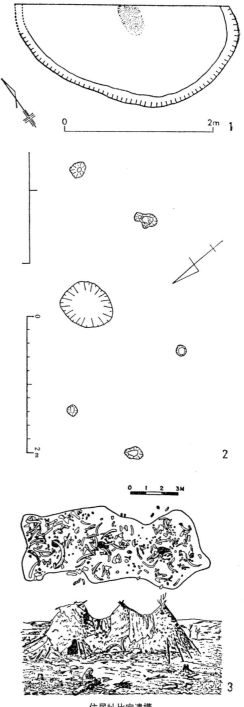

住居址比定遺構
1：中本 2：越中山 A′ 3：ブシュカリ
（遺構発見状態と復元図）

例は，3.6×3.8×0.2m のほぼ円形のプランを有する。中央に石囲い炉がある。柱穴はない。7. 下城遺跡では，16個の径 10cm 前後の柱穴状ピットが楕円形にめぐる。8. 上場遺跡には，3.5×

39

3.7×0.7 m の 1 号住居址と 7.3×3.7×0.65 m の 2 号住居址との 2 例ある。ともに竪穴内部には，炉はない。1 号住居址の外側には柱穴がめぐるという。この他に周辺部に炉址，礫群，貯蔵穴があるという。

以上が，ほとんどすべての例であると思う。この内，上和田城山の例は，住居内外に大小多数の土坑があって，床面の凹凸が激しい。上場の例もとくに 1 号住居址では，こういう傾向がある。駒形遺跡は，非常にきびしい発掘条件下で検出されたようで，構造の把握に説得性に乏しい部分もある。新堤の 3 個の柱穴や越中山 A' の例は，それ自体では，なんとも判断できない。下城は柱穴の向きに難点ありという指摘もある。

このように確実な例を指摘することすら難しい現実の中では，住居の建築構造を一般化して述べるのは困難である。仮に，上記諸例を肯定的にすべて受け入れるとすると，平面プランは小型不定形で，掘り込みは浅く，柱穴を有しないものが主体で，炉は屋内にない場合の方が多いとでも表現できようか。しかし，住居に関する記載をこうして結ぶのは，実は正しくない。

ここに 1 つの数字がある。岩宿から 1979 年までの先土器時代遺跡の発掘件数を集計した結果をみると，約 500 の遺跡数を挙げることができるという[5]。この数字を見れば，上記の発見例にどれほどの意味があるかがわかる。竪穴はほとんど発見されることがないという常識こそ，住居の普遍的性格を示唆していると見なければならない。

つまり，住居は深い竪穴や大きな柱を設けることは稀であって，地表面上に簡単な支柱を設け，これによって上屋を支える軽構造の建築物であったと考えておくのが，もっとも妥当な捉え方であると思う。炉は必ず設けられたにちがいないが，本当に設けられていたかどうか，あるいは設けられていたとすると住居の内か外かといった疑問には，ほとんど答える材料がない。縄文時代を参考にすれば，屋外の可能性が高いであろう。

支柱，上屋の建築構造・用材はどうか。これについても全く資料を欠く。木，獣皮，角，牙，骨などが用いられたであろう。ウクライナ地方のメジリチ，メジン，モロドバ，プシュカリ[8]（図参照）などの多くの遺跡でマンモスの骨や牙で作られた住居が発見されている。したがって，日本でもゾウやシカなどの骨角や牙が用いられた可能性

はある。またフランスのパンスヴァンやベルギーのメールのようなテント状の家屋を考えれば，獣皮や樹枝，草などが用いられたかもしれない[9]。

ほとんど遺構の形跡を留めない先土器時代遺跡から，住居や集落を考えるには，結局のところ，稀少な発見をまっていては果たされない。石器や礫などの遺存状態であるブロックやユニットの解析を通じてのみ，住居がどこに，どのくらいの数，どのような規模で，どのように配列していたかを知ることができるであろう。

3 炉

炉址には，A：地床炉，B：石囲い炉，C：土坑炉がある。この他に D：焼土遺構と呼ばれるものや焼土塊についても炉との関連を念頭におくべきかもしれない。これらの発見例は，不確実なものも含めて 30 ヵ所強である（表参照）。休場の例がもっとも良好である[10]（図参照）。集落生活に炉が欠かせないことを考えると，この発見例はあまりにも少ない。

この中でナイフ形石器の段階ですでに石囲い炉が存在すること（上野，日ノ岳），北海道での炉の検出が比較的多く，検出状態も安定しているようにも思われることの 2 点だけを指摘しておく。

別の機会にも述べたように[11]，調理に暖房にと，火は先土器時代人の生活にとって欠くことのできぬものだが，火や火処に関する問題は，顧みられぬことが多い。

こうした姿勢は，集落研究の停滞へもつながる。炉はその役割の大きさからみて，集落の構成

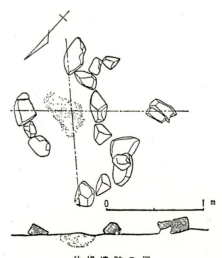

休場遺跡の炉

要素の根幹として住居址とともに重要なものであるはずだ。炉は住居の外に設けられた可能性がつよいが，炉の位置や数を知ることができれば，集落の構成を知る上で大いに役立つ。発見されないという現実はどうしようもないとは言え，便法がない訳ではない。

焼けた石器や礫を媒介にすることもできよう。また筆者らの調査した静岡県広野北遺跡では，遺跡全体を 50 cm 四方に区画し，遺物検出面で市松状に土砂を採取し，この中に含まれる小指先大ほどの自然礫の受熱の有無から，炉の位置と数を知ろうとする試みを行なっている。成否の程はおぼつかないが，赤く焼けた炉が発見されなければ，集落の構成要素として積極的に考えようとしない現状は，何とか打開しなければならない。

4　礫群・配石

先土器時代の遺構としてもっとも発見例の多いのは，礫群と配石であろう。前者は，拳大の焼けた礫が数十〜百個ほど 1 ヵ所に集まったものである（口絵写真 1 参照）。後者は，幼児の頭大の，大きくて重い石が 1 個ないし数個集まってできている。火熱を受けていないことに特徴がある。また，両者は基本的に 1 つのセット関係を有していたとも考えられる。一般に礫群は調理施設，配石は厨房か工作作業に係わると考えられている。

関東・東海地方のほとんどの遺跡で，検出されているといってよいほど発達している。ナイフ形石器文化の初期のころにはすでに出現し，その後ずっと使いつづけられる。細石刃文化や槍先形尖頭器文化の時期になると礫群は消え，配石だけになる。セット関係が崩れたという意味では，配石の役割も変質した可能性があるし，なによりも，それまでもっとも広く用いられた調理施設が採用されなくなったことの中に，調理あるいは火の使用行動の様式に，大きな変化が生じたとみなければなるまい。

東北・北陸以北の東北日本地域は，先土器時代を通じて，礫群はほとんど用いられない。火熱を受けない大型礫を用いた配石や置石だけが設置されている。この地方については，保坂康夫氏によるまとめがあるので参照されたい[12]。

近畿地方以西ではどうであろうか。大阪府には郡家今城，郡家川西，津ノ江南に明確な例がある。岡山県野原早風A地点，広島県地宗寺にもある。先土器時代の発掘例のもっとも乏しいこの地方で，典型的な礫群を検出できることは，ここも関東・東海地方と同様の地域であることを窺わせる。大分県津留，同岩戸，同百枝，宮崎県船野，鹿児島県木場A，熊本県下城でも礫群が検出されているので，少なくとも九州の一部も，礫群の広汎な利用を想定しうる可能性がある。

礫群を調理施設と考えるのは，これが火の使用のもっとも一般的な証拠であり，日常生活の中で恒常的に火を用いるとすれば，調理を想定するのが，一番自然ではないかというところから来ている。このような暗黙の諒解が発展して，石蒸し料理という具体的な調理法が想定されたり，日々の採食のための調理をすべてこれでまかなったかのような表現さえも見受けられる。

しかし静岡県寺谷遺跡などの分析例では，集落設営のもっとも初期の段階でこれが設けられた可能性が高いこと，使用回数は非常に少なく，数回以内と考えられることなどから，こうした発言が尚早であることを示唆している。調理法や使用頻度，調理対象については今後の課題である。

5　土　坑

土坑（壙）・ピットの発見された遺跡を表示した（表参照）。この中でとくに注目すべきは，比較的大きく，プランもしっかりした，貯蔵穴と呼ばれる一群である（口絵写真 1 参照）。遺跡は，1. 北海道間村，2. 宮城県座散乱木，3. 山形県横道，4. 同南野，5. 新潟県御淵上，6. 同荒屋，7. 富山県中台D，8. 同直坂I，9. 東京都 ICULoc. 15，10. 静岡県子ノ神，11. 同寺谷，12. 同広野北，13. 長崎県原ノ辻，14. 宮崎県船野，15. 鹿児島県長ヶ原などを挙げることができる。このうち，広野北遺跡では 18 基が発見されている。配列にも一定の傾向を伺うことができる。本例を含め，いまのところ静岡県下での発見例が多い。

これらの平面形は円形か楕円形を呈する。大きさは，長径が 1.5 m 前後の値を示すものと 70 cm 前後のものとがあり，深さも 80 cm 前後の深いものと 30 cm 前後の浅い皿状のものとがある。いずれにしろ，地を穿って設けた遺構としては，もっとも明快なものである。用途としては，貯蔵穴，墓などの可能性が考えられるが決め手はない。問題は土坑のもつ構造如何にあるのではない。先土器時代という時代にまで，食料の貯蔵を想定できるか

どうかである。縄文時代でも貯蔵穴が一般化するのは前期からのことであり[13]，最近鹿児島県で検出された，東黒土田の草創期のドングリの貯蔵穴は，特例に属する[14]というのが資料の現実である。

6 墓

大分県岩戸遺跡で検出されたとするものが1例ある。石積みの下に土壙があり，この中から人骨と海産貝類および副葬品の尖状削器が発見された。検出層準は岩戸D文化で約2万年前のものという。

7 結 び

住居址の例が端的に示すように，地面に掘り込まれた遺構を追い求めていくと，かえってこれが見えなくなる。

遺構が痕跡を地中に留めないことは，むしろこの時代の特色を反映したものとして積極的に評価すべきだが，そのためには，石器や礫が散らばっているにすぎない単なる地表面を，遺構と同様の役割をもつ機能空間として理解していくことから始めなければならない。言いかえれば，ブロックやユニットの分析を通して，集落（遺跡）の成り立ちを解析するという方向の中でこそ，視覚的に捉えられない遺構を，集落の構成要素として抽出することができるということである。このような意味で，先土器時代は，集落の理解なくして，遺構の理解はないと言える。

石器や礫しか検出されない，もっとも先土器時代的な遺跡から，ブロックやユニットの分析操作を通じて，集落景観をいかに抽出するのか。この実践例として富山県野沢遺跡A地点の例をあげておく[15]（図参照）。

註

1) 芹沢長介『石器時代の日本』1960
2) 鈴木忠司「日本細石刃文化の地理的背景―先土器時代遺跡論の試み―」『古代学叢論』1983
3) 註2)に同じ
4) 鈴木忠司，投稿予定
5) 加藤晋平・桑原 護・鶴丸俊明『中本遺跡』1969
6) 加藤 稔・佐藤禎宏・小向裕明ほか『山形県越中山遺跡 A'地点第二次発掘調査略報』1975

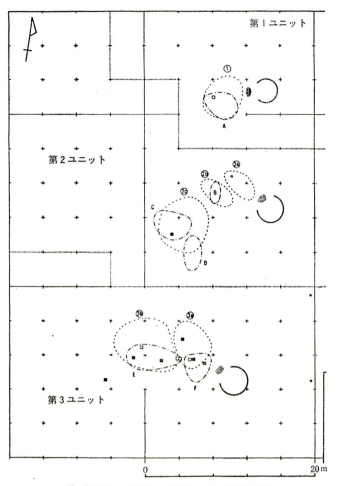

■、□置石　★敲石　A～F礫集中部
🔥炉　）住居　①～㊱石器ブロック

野沢遺跡A地点集落景観模式図

7) 黒坪一樹氏ご教示
8) 芹沢長介編『最古の狩人たち』1974
   Klein, Richard G.: Ice-Age Hunters of the Ukraine, 1973
9) Leroi-Gourhan, A. et M. Brezillon: Fouilles de Pincevent, 1974
   Van Noten, Francis: Les Chasseurs De Meer, 1978
10) 杉原荘介・小野真一「静岡県休場遺跡における細石器文化」考古学集刊，3―2，1965
11) 鈴木忠司・山下秀樹・保坂康夫ほか『寺谷遺跡』1980，同『野沢遺跡』1982
12) 保坂康夫「礫」『野沢遺跡』1982
13) 渡辺 誠「縄文時代の植物質食料採集活動について（予察）」古代学，15―4，1969
    潮見 浩「縄文時代の食用植物」『考古論集』1977
14) 瀬戸口望「東黒土田遺跡発掘調査報告」鹿児島考古，15，1981
15) 註12)に同じ

特集●日本旧石器人の生活と技術

石器の製作技術と使用痕

日本列島全域におよぶナイフ形石器は多種多様のものが長期間にわたって製作されているが，そのあり方はどうであったろうか

縦長ナイフ形石器の製作／国府型ナイフ形石器の製作／黒曜石の使用痕研究

縦長ナイフ形石器の製作

明治大学講師
■ 安蒜 政雄
（あんびる・まさお）

縦長剥片剥離技法を主とするナイフ形石器は東日本一帯に広がっており，杉久保系と茂呂系が代表的な例としてしられる

1 ナイフ形石器製作技術の構成

ナイフ形石器は典型的な剥片石器であり，槍先形尖頭器・細石器とならんで先土器時代の時期区分にももちいられる指準的な石器である。

そのナイフ形石器は，剥片剥離と調整加工という二つの作業過程をふんで製作されている。原石から剥片を段階的に剥離する作業過程としての剥片剥離には，個性的な二種類の方法があった。細長い剥片を連続的に剥離する縦長剥片剥離技術と，幅広の剥片を連続して剥離する横長剥片剥離技術の二者である。つぎの，剥離された剥片に手を加えてナイフ形石器を仕上げていく作業過程である調整加工は，刃潰し加工という名でも呼ばれ，これにも個性的な二種類の方法がある。一つは剥片の縁辺にそって行なわれ，結果として剥片の形状がほぼそのまま残されるような刃潰し加工である。形状保持的な調整加工技術といえる。もう一つは剥片を斜めに切断・分断して行なわれ，結果として剥片の形状が大きくかわってしまうような刃潰し加工である。形状修正的な調整加工技術とみることができる。

こうした剥片剥離と調整加工とが互いに補完するようなかたちで有機的に関連しながら，ナイフ形石器製作の技術的な基盤を構成している。そして，剥片剥離・調整加工間の相互補完的な技術構成上のあり方のちがいが，ナイフ形石器製作における技法的な相異を生み，そこにナイフ形石器の種類とその形態的な組成のことなりを生みだしているのである。

2 ナイフ形石器製作の実際

ナイフ形石器は先土器時代の最も古い時期に特徴的に存在し，製作・使用された期間も槍先形尖頭器や細石器とくらべて一番ながい。その間，ナイフ形石器の製作は技法的に変遷し，北海道地方をのぞく日本列島にいくつかの地域性を形成してきた。そうしたなかで，主に東日本の一帯は，縦長剥片剥離技術が伝統的につづいたところであった。そして東北地方を中心とする地域には形状保持的な刃潰し加工とむすびついた杉久保（東山―杉久保）系ナイフ形石器と呼ばれる一群が，また関東・中部地方を中心とする地域では形状修正的な刃潰し加工とむすびついた茂呂系ナイフ形石器と呼ばれる一群が，それぞれ特徴的に残されている。

まず，茂呂系ナイフ形石器と杉久保系ナイフ形石器とにみられる製作作業の実際を，埼玉県砂川遺跡[1]と山形県金谷原遺跡[2]をとおして比較・検討してみたい。

砂川遺跡からは残核12点・縦長剥片約100点・ナイフ形石器46点・彫器2点など，金谷原遺跡では残核7点・縦長剥片約400点・ナイフ形石器53点・彫器6点・掻器5点などが発見されている。最初に両遺跡の剥片剥離作業を観察していこう。

両遺跡の剥片剥離作業の過程には，ともに両設打面石核が存在する。しかし，同じようにして石核上に向かい合った打面の性格は，両遺跡において明らかに異なっている。砂川遺跡例の両設打面は同一の作業段階に併用されたものではなく，新旧関係でとらえられる作業の段階差をもっている。そして，両打面は主に剥片剥離という同一の役目を果している。また，この作業の過程で残核をはるかにしのぐ高さをもつこともあった石核は，剥片剥離作業がすすむにつれ上下に移動する打面の更新・再生によってその高さが次第に減少している。

これにたいして金谷原遺跡例の両設打面は同一の作業段階で併用されたものであり，一方が剥片剥離と頭部調整剥離，もう一方が末端部調整剥離というように異なった役割をになっている。そこでは，打面の角度をかえながら石核高を一定に保つような状態で剥片剥離作業がすすめられている。そうした剥片剥離作業をへてすてられた両遺跡の残核をみてみると，砂川遺跡では5cm大にまとまり，金谷原遺跡では6～12cmとかなりの幅があり，技術的な差を示している。

さて，長さ5～7cm大に集中する砂川遺跡の剥片は，打面部・末端部とも幅広で両側縁や稜線も不ぞろいな例が多い。かといって，多種多様な形状があるというわけではなく，画一性がある。長さ4.5cm大と6～9cm大という二つにまとまる金谷原遺跡の剥片は，統一されたかのような画一的な形状をそなえている。石核上で行なわれた頭部調整剥離と末端部調整剥離とを反映して，両側縁や稜線がととのい，打面部がまるみをもち末端部が細く薄くおわるものが目立つ。

ここで，ナイフ形石器に目を転じよう。大きくとらえて，砂川遺跡には二種類の，金谷原遺跡には一種類の，それぞれナイフ形石器がある。

砂川遺跡のナイフ形石器の一つは，剥片がもつ鋭利な縁辺の一部を刃部として残しながら他の縁辺に刃潰し加工を施し，尖った先端部と基部とを作り出している。もう一つは剥片の一端ないし一

側縁を断ちおとすような刃潰し加工が施されて，鋭い先端部が作出されたナイフ形石器である。砂川遺跡を代表するナイフ形石器は前者であり，典型的な形状修正的調整加工をうけている。金谷原遺跡の刃潰し加工は，剥片の打面部・頭部周辺に集中し，ときとして末端部の一側縁にもみとめられる。石核上で周到に準備し剥離された剥片の形状をそのまま残すようなこの刃潰し加工に，典型的な形状保持的調整加工をみることができる。

最後に，こうした調整加工をへて仕上げられたナイフ形石器には，調整加工前の剥片からみてどのような格差が生じているかを観察しておこう。

砂川遺跡のナイフ形石器においては，剥片の打面部と末端部が除去されている。これと関連するように，剥片の打面部と石器の基部とが同方向・同位置に固定されることはない。また，剥片の打面部と末端部・石器の基部と先端部それぞれをむすぶ，双方の中軸線も重ならない。すなわち，調整加工前の剥片の形状は，ナイフ形石器へと仕上げられたことによって大幅に変形してしまったわけである。ナイフ形石器が長さ4～5cm大にまとまり剥片の長さとのあいだにずれがあることもうなづける。一方，金谷原遺跡のナイフ形石器にあっては，剥片の打面部と末端部が完全に除去されることはない。剥片の打面部と石器の基部とは同方向・同位置に固定され，したがって剥片と石器の中軸線も重なり合う。つまり，明らかなように調整加工前の剥片の形状は，ナイフ形石器へと仕上げられたことによってほとんど変形してはいない。ナイフ形石器が長さ4.5～5.5cm大と6～9cm大にまとまり剥片の大きさと一致することが，それをよく示している。砂川遺跡とは，きわめて対照的である。

3 ナイフ形石器の製作技法

砂川遺跡と金谷原遺跡を例として，縦長剥片剥離技術がそれぞれ形状保持的・形状修正的な調整加工とむすびついたナイフ形石器製作作業の，その実際を観察してきた。両遺跡からは，きわめて典型的でしかも対照的な，剥片剥離・調整加工間の相互補完的なあり方をとりだすことができる。

砂川遺跡には二種類のナイフ形石器と，一種類の剥片が存在する。すなわち，剥片剥離は二種類のナイフ形石器に間接的に対応する一種類の剥片の剥離を目的とし，調整加工は二種類のナイフ形

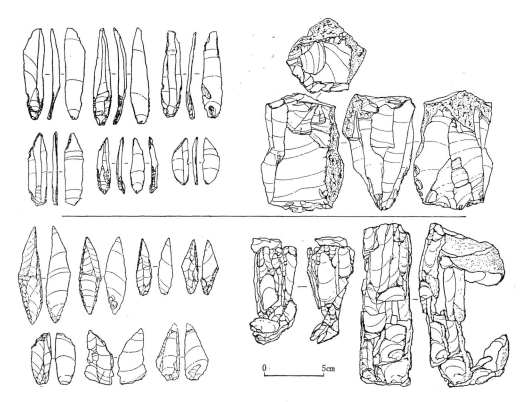

金谷原遺跡（上段）・砂川遺跡（下段）のナイフ形石器と石核

石器に対応した形状修正を目的としている。剝片剝離と調整加工とは，技術的に整然と区分されているかのようである。剝片と石器とのあいだの格差が大きい。

　金谷原遺跡には一種類のナイフ形石器と，同様に一種類の剝片が存在する。すなわち，剝片剝離は一種類のナイフ形石器に直接的に即応する一種類の剝片の剝離を目的とし，調整加工は一種類のナイフ形石器に即応した形状保持を目的としている。剝片剝離と調整加工は，技術的に融合しているかのようである。剝片と石器とのあいだの格差は小さい。

　いま，こうして抽出することのできる，ナイフ形石器製作における技術構成上の二つのあり方を，砂川技法・金谷原技法というかたちで整理してもいいだろう。ところで，砂川技法と金谷原技法とは，全く異質なナイフ形石器製作技術だろうか。

　金谷原技法をもつ山形県横道遺跡[3]に注目したい。横道遺跡には，大きくみて二種類のナイフ形石器がある。一つは金谷原遺跡と同様に形状保持的な調整加工が加えられたナイフ形石器であるが，刃潰し加工によって剝片打面部が除去されている。ナイフ形石器の基部にあたるその裏側は，裏面基部調整剝離が施され，打瘤部のふくらみがとりのぞかれている。こうした調整加工には形状を修正する傾向がうかがえる。もう一つは少数例ながら，形状修正的な刃潰し加工が施されたナイフ形石器で，あたかも茂呂系のナイフ形石器をおもわせる。石器・剝片の中軸線も重ならない。

　同様な意味で，砂川遺跡F地点，東京都前原遺跡第Ⅳ中1層[4]，同鈴木遺跡第Ⅵ層[5]，神奈川県寺尾遺跡第Ⅵ文化層[6]をはじめとし，砂川技法をもつ石器群に数点ずつ存在することの多い特徴的なナイフ形石器が注意される。それらの石器は，いわゆる茂呂型ナイフ形石器であることにちがいはない。しかし，それは石器と剝片の中軸線が重なっており，石器の基部周辺の刃潰し加工は裏面に向けて行なわれたり，裏面基部調整剝離が施されたりしている。そうした調整加工には，形状を保持する傾向がみられる。

　こうしたことから，砂川技法と金谷原技法とが，互いに排他的な技法ではないことを知るのである。すなわち，砂川技法は形状保持的な調整加工に傾斜するなかで杉久保系類似のナイフ形石器を，逆に金谷原技法は形状修正的な調整加工に傾斜するなかで茂呂系類似のナイフ形石器を，それぞれ

作り出している。これは両技法として定形化している技術構成が，構造的に変容しつつある現象を示すものと考えてよいだろう。対照的で典型的なあり方をする両技法は，これを砂川例と金谷原例とをいわばその両極にもつような技術的な幅をもった一つの技法としてとらえられるのではないだろうか。こうした技術こそが，縦長ナイフ形石器製作技法の基盤でもあったと考えられる。

4 ナイフ形石器製作技法の変遷

それでは，そうした縦長ナイフ形石器製作技法には，どのような移り変わりがみられるだろうか。ここでは，石器群の層位的な出土例が多くその序列が明らかな，関東地方のナイフ形石器文化を概観してみよう。

武蔵野台地の層位区分にしたがえば，ナイフ形石器文化は，その第Ⅲ層から第Ⅹ層にわたって包含されている。そこには古い順に第Ⅹ～Ⅸ層（東京都高井戸東遺跡第Ⅹ～Ⅸ層）　第Ⅷ～Ⅶ層（埼玉県打越遺跡ＫＡ地点）・第Ⅵ層（鈴木遺跡第Ⅵ層，寺尾遺跡第Ⅵ文化層）・第Ⅳ下半部層（神奈川県上土棚遺跡，栃木県磯山遺跡）・第Ⅳ上半部～Ⅲ層（砂川遺跡，前原遺跡第Ⅳ中１層）という五段階の変遷がみられる[7]。この五つの段階を，それぞれナイフ形石器文化におけるⅠ～Ⅴ期としよう。すなわち，茂呂系ナイフ形石器はⅢ期とⅤ期とから発見されているわけである。しかし，層位的な上下関係がはっきりとしているにもかかわらず，双方の型式的な新旧関係が明示されたことはない。

ところで，Ⅲ期をはさむⅠ・Ⅱ期とⅣ期にも縦長剝片剝離技術と縦長ナイフ形石器とが残されている。しかも，その一群のナイフ形石器は，石器形態上，杉久保系ナイフ形石器に近似している。刃潰し加工は剝片打面部周辺と末端部の一側縁に施されており，形状保持的な調整加工である。石器の基部と剝片の打面部は同方向・同位置に固定されており，石器と剝片の中軸線も重なる。これらのナイフ形石器もまた，層位的にとらえられていながら，型式的な相異が説明されていない。ある意味で，杉久保系ナイフ形石器における東山型ナイフ形石器，杉久保型ナイフ形石器のもつ関係に似ている。そしてⅣ期において著るしいが，切出形石器と共伴している。切出形石器は，その刃潰し加工が剝片の一部縁辺を残すように施されたナイフ形石器であり，形状修正的な調整加工を特

徴としている。剝片は幅広であるが，調整加工と剝片剝離の相互補完的なあり方は，砂川技法と相似する。

すでにみたように，縦長ナイフ形石器製作技法には，石器の種類とその形態的な組み合わせと一体となった技術構成に，構造的な変容がうかがえる。構造的に変容する技術的な幅のなかに，それぞれのかたちで定形化したいくつかの技法があり，その二つのかたちとして砂川技法と金谷原技法が位置づけられる。

Ⅰ・Ⅱ期とⅣ期，それは一方で金谷原技法にちかく一方で砂川技法をこえるように最大限に振幅し，その両端が併行するかたちで定形化した技法があったとみられる。またⅢ期とⅤ期，それは砂川技法へと傾斜し，その一極というかたちで定形化した，すなわち砂川技法が存在した。こうして関東地方におけるナイフ形石器文化は，大きくみれば同一技術をナイフ形石器製作の基盤としていた。

しかし，その技法は交替するようにして２回にわたり大きく構造的に変容しながら技法的に推移していたとみられるのである。

こうした構造的な変容は東日本における地域的な広がりと時間的なつながりの，そのどのような過程で出現したのだろうか。いまのところ，東北地方を中心とする杉久保系ナイフ形石器は，関東地方のナイフ形石器文化のⅠ・Ⅱ・Ⅳ期に併行したものと予測される。

註

1) 戸沢充則「埼玉県砂川遺跡の石器文化」考古学集刊，4—1，1968
　　安蒜政雄・戸沢充則「砂川遺跡」日本の旧石器文化，2，1975

2) 加藤　稔「東北地方の先土器時代」日本の考古学，1，1965
　　渋谷孝雄「金谷原遺跡の石刃技法の分析」山形考古，2—4，1976

3) 加藤　稔・佐藤禎宏「山形県横道遺跡略報」石器時代，6，1963
　　柏倉亮吉「山形県の無土器文化」山形県文化財調査報告書，14，1964

4) 小田静夫・伊藤富治夫・C. T. キーリー「前原遺跡」I. C. U. Occasional Paper，3，1976

5) 鈴木遺跡調査団『鈴木遺跡Ⅰ』1978

6) 神奈川県教育委員会『寺尾遺跡』1980

7) 安蒜政雄「石器の形態と機能」日本考古学を学ぶ，2，1979

国府型ナイフ形石器の製作

同志社大学講師
■ 松藤和人
（まつふじ・かずと）

―西日本のナイフ形石器―

瀬戸内技法とよばれる横剥ぎナイフ形石器の製作技術は，後
期旧石器時代のなかでもきわめて特異な位置を占めている

西日本とりわけ瀬戸内・大阪平野周辺のサヌカイト（讃岐岩）地帯に集中的な分布をもち，"瀬戸内技法"とよばれる，横剥ぎのナイフ形石器の製作技術が，鎌木義昌氏によって摘出[1]されてひさしい。この技法は，系統的な分割によって生じた礫片を石核に転じ，横剥ぎの剥片生産技術にもとづいて規格的な剥片を組織的に量産するとともに，そうして得られた剥片をさらに特定の tool（道具）に仕上げるという一貫した製作工程を踏む点で，日本列島の後期旧石器時代の石器製作技術史上，きわめて特異な位置を占めるものである。かかる瀬戸内技法の認定は，特定の石器製作工程を体系的に理解するうえで新たな視点を導入し，従来の研究法を質的に転換させる重要な契機となった。その一貫したシステムは，日本列島の後期旧石器時代における石器製作技術の頂点の一つを示すものであろう。こうした石器製作技術が出現した背景については，なお不明な点が少なくないが，ここでは主として二上山北麓の資料から復原された瀬戸内技法をとりあげ，瀬戸内技法の認定に至るまでの経緯ならびに現時点における研究の到達点を紹介することにしたい。

1 横剥ぎ技術の認定

瀬戸内地方では研究の頭初から，一部の研究者の間で，ナイフ形石器に横剥ぎの剥片を素材としていることが気づかれていた。この時期，この地域の研究を主導した鎌木義昌氏は，小型の横長剥片を多く用い，ナイフ形石器を主とする石器群を抽出し，この種の石器が瀬戸内に広範囲に分布することを，すでに 1955 年頃指摘した。さらに，こうした小型横剥ぎのナイフ形石器に関して，整形技術，形態，石器のサイズの比較から，二つの石器群の存在を予想した[2]。これらは，のちに宮田山石器群，井島I石器群とよばれ，それぞれこの地域の旧石器時代の一時期を画する石器群とし

て認定されるに至った。

瀬戸内で発見される横剥ぎ剥片の剥離技術について，その製作工程を打撃痕，剥離面の順序，石核の形態から具体的に検討し，その剥離法を推定するうえで最初の資料を提供したのが，香川県城山遺跡出土の翼状剥片であった[3]。ここで初めて'翼状剥片'という用語が登場する。それはネガティヴな打瘤とポジティヴな打瘤が剥片の表裏に残存すると同時に，背面側に一条の稜線を形成し，打面の上面観があたかも鳥が翼をひろげた形状をみせることに因んだものである。このような剥片の剥離過程を推定した鎌木氏は，石核上の打撃点がほとんど一直線上に位置し，長方形の菓子を一端から順々に切っていくような手法を推定した。

一方，城山遺跡の報告にさきだち，1957・58 の両年にわたって大阪府藤井寺市国府遺跡を調査した鎌木氏らは，黄色粘土層中より良好な石器群を検出し，翼状剥片と石核の接合資料などをもとに，翼状剥片の剥離過程を復原するのに成功した。そして多量の翼状剥片，同石核，ナイフ形石器などの総合的な検討から，原礫の分割→同分割剥片の石核への転化→同石核への打面調整→断面三角形スポールの剥取→翼状剥片の連続剥離→翼状剥片のナイフ形石器への二次整形という一連のプロセスを模式図として提示するまでに至った[4]。かかる一連のプロセスを経て完成されたナイフ形石器は，最初に発見された遺跡に因んで'国府型ナイフ形石器'と称され，石器製作の最終段階までをふくめて'瀬戸内技法'という呼称が与えられることとなった。

国府遺跡の出土資料をもとに復原された瀬戸内技法は，国府石器群の主要な技術基盤としての評価がくだされ，その特異な技術体系は国府石器群を認定するうえでの指標として重視されている。その後，瀬戸内技法という概念規定を翼状剥片の剥取段階までにとどめるべきだという異議も唱え

られたが，国府遺跡以降の調査成果によれば，発掘資料によるかぎり，瀬戸内・大阪平野周辺では翼状剥片を素材とした石器がナイフ形石器という器種にほぼ限定され，しかもナイフ形石器をふくむ瀬戸内技法関連の資料がセット関係をもって出土するという事実が再確認されている。したがって，瀬戸内技法は特定器種の製作技術と密接に関連しており，多種類の石器素材を提供する石刃技法とは明確に区別されねばならない。

2　瀬戸内技法

同志社大学旧石器文化談話会による二上山北麓の調査（1967〜1973）は，畿内最大のサヌカイト原産地という特異な条件もかさなって，膨大な量の石核，剥片，石器をもとに従来の瀬戸内技法を検証するうえで大きく貢献した[5]。そしてまた，近畿地方の旧石器文化研究に斬新な刺激を与えた。

筆者は，二上山北麓の新資料をもとに，国府遺跡の出土資料から推定復原された瀬戸内技法を再検討し，鎌木氏が提唱されたものとは異なる模式概念図を提示した[6]。それは，原礫の分割段階を具体的に示すとともに，翼状剥片を剥取するまえにおこなわれる石核調整（鎌木氏の断面三角形スポール剥取段階）の実態を明らかにしたものであった。なお，『ふたがみ』の発行時点では多くを採集資料によっていたため，それを発掘資料にもとづいて再検証することが望まれていたが，それは1975年奈良県香芝町桜ヶ丘第1地点遺跡の調査で実現するはこびとなった[7]。そこで，二上山北麓の資料から復原された瀬戸内技法を簡単に紹介しておくことにしたい。

この技法は，大別して三つの工程から構成される。つまり，翼状剥片石核または国府型石核の素材となる盤状剥片を原礫から剥ぎ取る段階を第1工程とよび，ついで盤状剥片に打面調整もしくは石核調整を施したのち，連続して翼状剥片を量産する段階を第2工程とよびならわしている。この第2工程で得られた翼状剥片にさらに整形剥離を施してナイフ形石器に仕上げる工程を第3工程とよぶ。この技法にあっては，第1・第2・第3の諸工程が系統的に連続移化し，各工程が独立して存在するわけではない。しかるに，各工程は全体として瀬戸内技法体系を構成し，一個の完結した技術システムとして機能するものである。次に第1工程から第3工程まで順を追って説明することにしたい。

（1）　第1工程

まず，幼児頭大ぐらいのサヌカイト礫を選び，礫面の一端に第一撃が加えられ，最初の礫片が剥がし取られる（図①）。なお，この第一撃が加えられる面は，剥離に適当な角度をみせる原礫の形状やサヌカイトの石理の走向ともからめて，注意深く見きわめられたものと思われる。したがって，サヌカイト礫を無作為に選択したものではなさそうである。

ついで，①の打撃によって生じた石核上の剥離面を打撃して，一定の厚みをもった盤状剥片が剥離される（図②）。この段階に得られた盤状剥片の背面は礫面からなる。さらに，さきの盤状剥片剥離痕に打撃をくわえて，石核の反対側の面から次の盤状剥片を剥ぎ取る（図③）。この段階で得られた盤状剥片は，背面にさきの剥離で生じた大きな剥離痕をとどめているのが普通である。そして剥取された盤状剥片は，往々にして一定の厚みをもった板状をみせることから，背面に礫面を広くのこす盤状剥片とは区別して，とくに板状剥片とよぶこともある。こうした板状剥片を転じた翼状剥片石核もよく知られているところである。③の段階以降でも打撃面を反転しながら，ほぼ一定の厚みをもつ盤（板）状剥片が得られることになる。

なお，模式概念図に示したものは，二上山北麓の地で一般的に用いられた瀬戸内技法第1工程の内容を示したもので，原礫の形状によっては同一面から横に並列して何枚かの盤状剥片が得られたことを示す石核も微量ながら発見されている。また，これ以外にも若干の変異を示す資料もある。

第1工程では，大きな剥離角を適用し，打撃面をおおむね交互に移動させながら，原礫の表裏からほぼ同形・同大の盤（板）状剥片を量産するところに大きな特色が認められる。第1工程は，つづく第2工程の初期段階で最小限の石核調整もしくは打面調整を施すだけで，翼状剥片を剥離することを可能とし，ことに翼状剥片石核の正面（盤状剥片の打面に相当）と底面（同主要剥離面）とのなす角度が一定となるように，それが盤（板）状剥片の剥離時点で十分配慮されている点もみのがせない。剥片の剥離が石核正面すなわち剥離作業面の形状に強く規制されやすいという剥離法則を勘案すれば，すでに第1工程の盤状剥片剥離段階で，

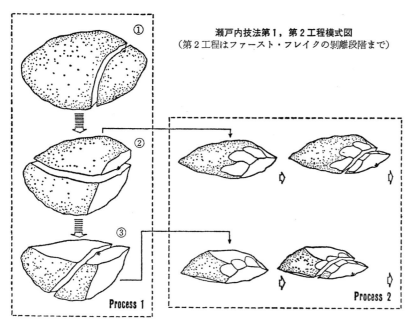

瀬戸内技法第1，第2工程模式図
（第2工程はファースト・フレイクの剥離段階まで）

こうした必要条件が満たされているところに，この技法の計画性と用意周到さを看取することができるであろう。

（2） 第2工程

第2工程は，第1工程で得られた盤（板）状剥片に打面調整をおこなったのち，翼状剥片を剥離する工程を一括する。

盤状剥片を翼状剥片石核に転じ，盤状剥片の打面に接する背面側に打面調整もしくは石核調整を施したのち，打面部中央の山形状突出部に打撃がくわえられ，最初の剥片が剥離される。こうした剥片は，背面側の中央に大きな打撃痕をとどめ，その打点に接して底面側に打撃錐および打瘤をみせ，きわめて特徴的な剥片であることから'ファースト・フレイク'とよんでいる。この剥片にあっては，背面の剥離痕を形成したネガティヴな打瘤は，翼状剥片石核にくわえられる打面調整により失なわれているのが普通で，2枚目以降に得られた翼状剥片ほど形態が整っていない。このような剥片は，二上山北麓の遺跡では多量に発見されており，第1工程と第2工程の連関を具体的に証明するキーポイントの役割を果すものである。さらに，二上山以外の大阪平野周辺部の諸遺跡（国府遺跡，郡家今城遺跡），四国国分台遺跡群[8]，遠くは福岡県西島遺跡でもファースト・フレイクもしくはそれを素材としたナイフ形石器が発見されている。

第2工程での打面調整は，打撃面の調整にとどまらず，石核の底面に接する両端部までおよぶ広範な調整痕をみせ，明らかに石核調整をかねたものである。こうした調整を絶えず反復することによって，ほぼ同形・同大の規格的な翼状剥片を得ることが可能となる[9]。

（3） 第3工程

第3工程は，翼状剥片にさらに二次加工を施してナイフ形石器に仕上げる工程である。この工程は，加工途上で放棄されたナイフ形石器の未完成品やナイフ形石器の背面側にのこされたネガティヴおよびポジティヴな剥離面の観察から，翼状剥片との関連が証明される。なお，翼状剥片を素材とした石器としては，まれに彫器，削器などが知られているが，大型のナイフ形石器が圧倒的に多い。

国府型ナイフは，背面側の底面と剥離痕とがなす稜をそのままのこし，打面側の一側縁を腹面側から整形剥離すなわち背部加工を施して一端が尖る柳葉形に仕上げたものが多いが，最近，刃縁側の一部にまで整形加工を施した二側縁加工のナイフ形石器も知られるようになってきた。国府型ナイフの背部は，整形剥離が間隔をおいて施された結果，鋸歯状縁をみせるものが少なくない。ところが，高槻市郡家今城遺跡では，素材の変形度が大きく，背部加工が深く底面までおよび，そのため身部の横断面が三角形（通常の国府型ナイフでは台形）を呈するとともに，背部を背腹両面側から整形して作り出した，きわめて細身のナイフ形石器も報告されている[10]。かかる例にあっては，背部が著しい鋸歯状縁をみせない。こうした形態のナイフ形石器は，現在のところ，淀川右岸に分布が局限されるようである。

このように，形態変化に富み，しかも整形法も多様なナイフ形石器を，翼状剥片を素材とするという次元のみで国府型ナイフと総称しているため，概念の内包が大きいものとなっている。このような変異が，集団の技術差を示すものか，ある

49

いは同一文化期のなかでの時間差を示すものか意見が分かれるところである。

3 国府型ナイフの広がり

サヌカイト原産地である畿内二上山，四国の国分台を中心に盛行した瀬戸内技法は，特定の石器を製作する技術体系として発展してきたものであるが，大分県岩戸遺跡[11]，神奈川県柏ヶ谷長狭(ながおさ)遺跡[12]での国府型ナイフの出土層準は約2～1.8万年前を示し，瀬戸内・大阪平野周辺では遅くとも2万年前頃にはこの技法が完成されていた蓋然性が高い。惜しいことに，この地域では国府石器群の年代を知りうる遺跡にめぐまれず，他の地域の年代が判明する遺跡から推測せざるをえない状況にある。

国府型ナイフの分布は，基本的にはサヌカイト石材圏に一致しながらも，その分布密度に差異があることも次第に判明してきており，近畿地方では大阪平野周辺，中・四国地方では備讃瀬戸・国分台に集中して分布する事実が明らかとなった。因みに三重県下ではこれまで数十ヵ所の旧石器時代遺跡が知られ，サヌカイト製のナイフ形石器も出土しているにもかかわらず，確実に国府型ナイフと言えるものは知られていない。また，京都府北部，滋賀県下でも，ほとんど分布の空白地域となっている。二上山と国分台の中間に位置する兵庫県下では，春成秀爾・佐藤良二氏の報告によれば，国府型ナイフの出土例は意外と少なく，小型の二側縁加工のナイフ形石器が主流となっている。その一方で，点在的ではあるが，西は西瀬戸内を経て北・東九州，東は東北地方（山形県越中山K遺跡）[13]まで国府型ナイフの分布が認められ，最近，南関東でも類例が知られるようになってきた。その東限と西限の距離は，じつに1,000kmにも達し，日本列島のナイフ形石器のなかでも，きわめて広範な分布をみせている。瀬戸内・大阪平野周辺以外の地域では，安山岩に固執することなく，原地産の石材を用い，石材の面での柔軟性をみせている。現在まで判明している国府型ナイフの石材には，サヌカイト，頁岩，チャート，凝灰岩，黒曜石，無斑晶流紋岩などがある。

4 おわりに

西日本の瀬戸内，大阪平野周辺に集中的な分布をみせる国府型ナイフの製作技術を，二上山麓出

福岡県横隈山遺跡の黒曜石製国府型ナイフ

土の資料を中心に紹介してきたわけであるが，最近の研究により，東九州，東北においては瀬戸内技法の第1・第2工程の内容に若干の地域的変異が存在するらしいことが次第に判明しつつある。かかる変異を生じた主因については，まだじゅうぶんに解明されていない。それにしても，瀬戸内技法という高度な技術体系は，横剥ぎの剥離技術と相い俟って，日本列島周辺のアジア大陸ではまったく類例が知られておらず，列島内で独自に発達したものとみられる。その意味で，国府型ナイフを主体とした国府石器文化は，列島内でもっとも独創性豊かな石器文化の一つとして，文化史上，技術史上，高く評価されねばならないだろう。

註
1) 鎌木義昌「先縄文文化の変遷」図説世界文化史大系　日本1，1960
2) 鎌木義昌「岡山県鷲羽山遺跡調査略報」石器時代，3，1956
3) 鎌木義昌「香川県城山遺跡出土の石器」古代学，8-3，1960
4) 鎌木義昌「打製石器にみる生活技術」図説世界文化史大系　日本1，1960
5) 同志社大学旧石器文化談話会『ふたがみ』1974
6) 松藤和人「瀬戸内技法の再検討」ふたがみ，1974
7) 松藤和人「再び瀬戸内技法について」二上山・桜ヶ丘遺跡，1979
8) 竹岡俊樹「瀬戸内技法再考」どるめん，26，1980
9) 松沢亜生・岩本圭輔「小形遺物の写真測量図化と石器製作に関する研究」奈良国立文化財研究所年報，1975
10) 大船孝弘・冨成哲也『郡家今城遺跡発掘調査報告書』1978
11) 清水宗昭・高橋信武・柳田俊雄『岩戸遺跡発掘調査概報』1980
12) 神奈川考古同人会『シンポジウム南関東を中心としたナイフ形石器文化の諸問題』神奈川考古，16，1983
13) 加藤稔・鈴木和夫「越中山K遺跡の接合資料」考古学研究，22-4，1976

黒曜石の使用痕研究

筑波大学大学院
■ 岡崎里美
（おかざき・さとみ）

使用痕という証拠をもとに遺物の機能を知ろうとする研究が
盛んになってきたが，ここでは黒曜石製石器を対象に考える

1 黒曜石製石器の使用痕研究の現状

　遺物の機能への関心は古く，考古学の重要な主題の一つであり，様々なアプローチがなされてきた。しかし石器においてそれが単に推測ではなく，使用痕という証拠をもとに復元しようとする姿勢がはっきりしてきたのはわりに最近のことである。報告書でも，石器のトロトロな部分とか摩耗という表現で注意されるようになってきている。それらから機能を復元しようとする時の手法には，日本では，実験的に石器を作って使用してみる場合[1]や，セメノフの実験結果[2]を遺物に見られる「使用痕」[3]にあてはめて解釈しようとする場合[4]があった。いずれも使用実験が大きくものをいう。

　欧米ではフリント製石器の使用痕を中心に研究が進められてきた。その中で系統だって実験を重ね，遺物に応用したのはキーリーである。彼は石器の縁辺に残るポリッシュに注目し，ウッド・ポリッシュ，ボーン・ポリッシュなどの識別が可能であるとした[5]。この方法を頁岩に応用したのが，東北大学使用痕研究チームである。被加工物とポリッシュを別々にとらえ，A〜Yの11種のポリッシュを区別した[6]。そしてチャートについてもこの観察法は適用できる見通しを得たという[7]。両者の研究は，それまでの実験が特定の遺物と特定の使用法に限定して行なわれたのに対し，対象物も使用法も広く設定している点で，使用痕研究を一歩前進させたといえる。

　ところで，頁岩やチャートと並んでしばしば石器の材料となるものに，黒曜石がある。使用痕に注意された当初から，黒曜石製石器は研究対象とされることが多かった[8]。表面に傷[9]が多く，また目立ちやすいためであろう。しかしルーペや顕微鏡が利用されるようになると，今度は傷が多すぎて，使用痕としてどれを，使用刃部としてどこを取り出してよいのかわからなくなってしまった。頁岩やフリント，チャートにおけるポリッシュの

ように，縁辺部の限られた場所にだけあるのではないのである。それでも石器の表面にある傷にはいくつかのタイプがあることがわかった。その例として，西之台B地点の石器のフィルム・レプリカを採り，それを観察した山下氏[10]や，池のくるみ遺跡の石器を実体顕微鏡で観察した根鈴氏[11]の研究があげられる。根鈴氏は，傷の形と集まり具合（群構成）の2側面から傷のつき方を分類して遺物を観察した結果，「型式的にまとまりを示し，またキズの石器表面上における位置についても法則性をもつものと考えられ」るから，直線状で浅いキズが群をなして同一方向につくものに，使用痕の可能性があるとした。また他方では，中島氏が，個々の傷を扱うよりもその集合を面的にとらえていこうとする研究を進めている[12]。このようにいろんな試みはあるが，今のところ黒曜石製石器の使用痕研究は，機能復元のための有力な手がかりは何らつかんでいないと言えよう。

　ところで，これまでの使用痕研究をふりかえってみると，石器の材質によって見てきたものが違うことに気づく。フリントや頁岩では，セメノフが線状痕に注目している[13]が，実際に観察してみるとあまりみられない。剝離痕については石材にこだわらず，作業対象物を大まかに推定できるという一応の結果が発表されている[14]。その他に作業対象物がわかるとして最近注目されているのはポリッシュである。これに対して黒曜石では剝離痕と傷が観察対象となる。つまり黒曜石では傷は多いけれども，頁岩などに見られるようなポリッシュはない。これは，他の石材は細かに見ると粒の集まりだが黒曜石はガラス質で面が平滑であり，かつ硬いけれども脆いため傷つきやすいことが原因だと思われる。このことから黒曜石製の石器に対しては，ポリッシュ観察法を適用して対象物を限定することはできない。がしかし多くの傷から使用痕を抽出することが困難であるけれども，逆に，その傷は石器のたどってきた各段階をより忠実に反映しうることになる。このような理由から，

私は黒曜石製石器を選んで観察を続けている。

2 傷の形態差と問題点

　基本的な方法は山下氏に従った[15]。すなわち石器表面のフィルム・レプリカを採り、それを生物顕微鏡を用いて斜光照明で観察した。フィルム・レプリカ法の良いところは、凹凸の激しい部分でも平らにして観察できるため、顕微鏡の焦点深度の浅さの影響が少ないことである。直接遺物を検鏡するのは、この理由からよほどの平坦面でないと無理であるし、黒曜石自身が光を吸収するためにコントラストが低くなり、検出度は落ちる。場合によっては晶子などが視野に入り、傷と見わけにくくなる。それに細かな形態差を観るために走査型電子顕微鏡を利用したが、遺物そのものでは蒸着物質[16]が洗い落とせないけれどもレプリカであれば洗う必要がなく、代用が可能である。また斜光照明は、他の照明方法に比べて解像力照明は抜群である。もちろん入射方向を変えながら観察するという注意は必要である。

　まず走査型電子顕微鏡でフィルム・レプリカを観察した結果、傷の形態を9タイプに分類することができた（表1）。が、光学顕微鏡ではこれらのすべてを識別することはできない。例えば、光学顕微鏡の 100 倍では滑らかな溝に見えても、400 倍では周期的な弧状傷が見わけられることが

ある。またとくに、浅い溝であるタイプ3や浅いピットのタイプ 7' は電子顕微鏡でなければ存在すらわからないことが多い。つまり確実に形を把むには解像力の高い電子顕微鏡を使うべきであり、あえて光学顕微鏡で観るということは、観察倍率は高くても形態の情報をある程度切り捨てていることになる。そこでなるべく傷の形の判別が確かにできて、なおかつ遺物の広い面積をより早く観察できる倍率を選ばざるをえない。私は便宜的に62.5 倍で観察している。この倍率で識別できるのは6種で、電子顕微鏡で分類したものとの違いは、タイプ 6・7・7' がないことである（表2）[17]。

　ではこの6種のうちのどれかは、本当に使用痕として使えるものだろうか。そこで、北海道常呂郡端野町上口遺跡出土の完形のエンド・スクレイパーを選び、上記の分類に従って全面の傷を描写装置を用いて書き取ってみた（図1）。

　ところが傷の形態による分布の偏りは見られなかった。また従来刃部とされてきた部分よりも側縁部において傷が多く、縁辺部よりも中央部に多いことがわかった。それ故石器の形態から判断される刃部だけを観察しても、総合的な機能の復元とはならないことを示している。

　さらに傷の形を左右するものは非常にミクロな次元のものである。直接傷をつけるものが作業対象物であるのか、刃部との間に介在する砂粒なの

表 1　電子顕微鏡による傷の形態の識別

	溝の内部に注目した分類		発生のメカニズム
1		溝の側縁が凸凹	タイプ4がくっついたりすべったりの連続でつながったもの
2		側縁はまっすぐ	〃
3		滑らかな溝	高圧のためへこんだか、横に盛りあがってそれが剝がれたもの
4		弧状の傷	水平力の影響で、タイプ5の割れ目が部分的に発生したもの　傷をつけるものの先端は右から左へ動いたことになる
5		環状の傷	ヘルツの円錐の初期の割れ目
6		片側が反対よりも小さい卵形	はがれたものか？　タイプ3の短いものとも考えられる
7		深いピット	不明
7'		浅いピット	不明
8			一次傷としてタイプ1・2・3が生じ、二次傷としてタイプ4が同時に複合したもの

か，剝がれ落ちた石器の小さなかけらなのか，これはまだ明らかにされていない。しかしいずれにせよ，石器素材よりも硬くてその形状が鋭ければ，滑らかな溝や抉るような剝離現象を残すだろう。逆に硬度が低くて鈍い形をしておれば弧状の

表2 光学顕微鏡による傷の形態の識別

	形　　態	表1の分類	
A	滑らかに見えるもの	1・2・3	⟶
B	方向のわかるもの	8 1・2 4	⟶ ⟶))))
C	環状の割れ目	5	○
D	側縁が不明瞭な線状痕を中心とする傷の集合	1・2・3・6	(dotted)

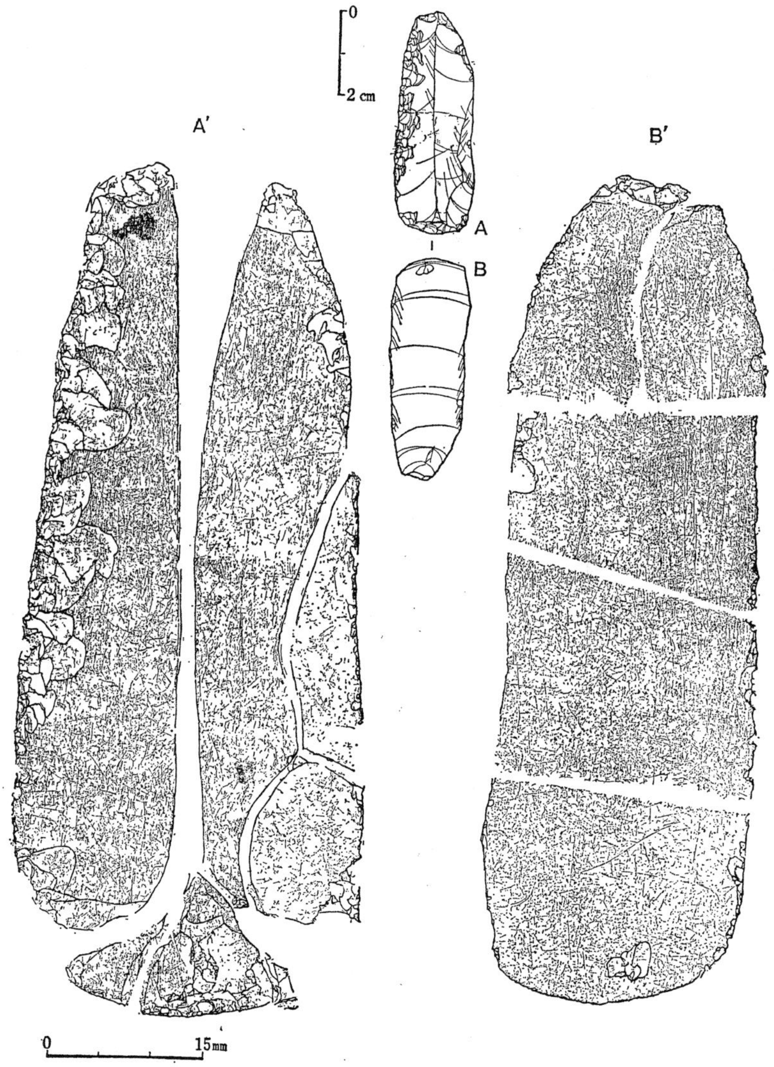

図1 エンド・スクレイパーにおける傷

傷が生じるだろう[18]。これは，細かく傷の形を見ても機能復元の手がかりとはしにくいという，先の観察結果を裏づけるものである。

ここで石器の機能を復元するにあたって，考えなおさなければならないことが幾つかある。その1つは「機能」という用語の中味である。普通石器の機能といえば，どのように支持して，何を対象とし，どう刃部を動かしたかの3点が含まれる。ポリッシュ観察法においては，被加工物とポリッシュのタイプが対応することと，方向のわかるすい星状の凹みから，後2点はある程度推測できるようである。だが黒曜石の場合，傷の各タイプが対象物の差を反映しているとは思えない。黒曜石製石器の機能といった場合は，刃部がどう動いたか，どう石器が支持されたかの2点に関してのみの運動力学的な内容を持たざるをえないのである。

その2つめは，作業対象物や使用方法を示すメルクマールを探そうという，これまでの研究姿勢である。今の段階のポリッシュ観察法も前述の傷の分布を調べたやり方も，何らかの指標を探している。前者の場合，ポリッシュがその指標となりえたようだが，因果関係の説明などが残されている。後者の場合，傷の形は指標とはなりえなかったが，かえって対象物の被加工特性とあわせて，傷の直接原因である摩擦はどういう時におきるのか，どれ程の範囲で摩擦力は働くのかという，基本的な問題を考えなければならない。

3つめは，石器の形態の意識のしかたである。エンド・スクレイパーの刃部よりも側縁部に傷が多いということは，側縁部が支持部分で使用刃部ではないとも考えられるし，逆も同様にありうる。そのどちらともいえないのが現状である。しかしこの例は，他の器種に比べて比較的機能のバラツキが少ないと思

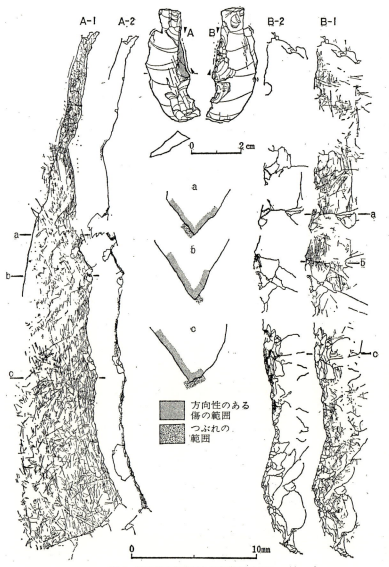

図2 不定形小石器における傷とつぶれ

われていたエンド・スクレイパーでさえ，その形から推定される機能と，使用痕からみた機能とが一致しない証拠となる。また近年増えてきている使用痕を扱った研究例では，そのほとんどが形態学的な分析を併行させている。これは，石器の特定の部分を見れば細かな分析をせずとも機能がわかるのではないか，という期待に根ざしている。また形態的にまとまりのある遺物は機能的にも同じだろうし，逆に機能の似た遺物群があれば共通する形態的特徴があるはずだ，という前提があって，それを確かめたいという姿勢がうかがわれる。こういう姿勢は意義があるし，決して否定するつもりはない。だが，ある特定の機能を果たすに必要な特定の刃部の形状や，特定の被支持部分の形について，何ら具体的な情報もないままこれまでどおりの計測法や分類を続けても，有効とは思えない。この問題については，確実な機能対形態の対応関係への見とおしと，遺物観察や実験データの集積を待って検討すべきであろう。

3 具体的な機能復元にむけて

以上の結果と反省に基づいて，現在，縄文時代の黒曜石製石器の観察を続けている。まだ充分な検討を経たものではないし，また具体値がなくて推測の域にとどまるものが多いが，その一端を紹介して今後への指針としたい。資料は東京都秋川市前田耕地遺跡のM1層から出土した，五領ヶ台期の不定形小石器である。

先の観察結果から，傷の形態は何ら手掛かりとはなりえないことがわかっている。そこで，どの形態の傷からも読み取れる情報として方向をとりあげることにした。石器を繰り返し用いるとその結果として同じ方向の傷が多くなるであろう。石器の縁辺で互いに平行に並んでいる傷が多い部分を，支持部か使用刃部かはわからないが，人為的な力が反復して加わったところと考えてみよう。この不定形小石器では3ヵ所，特定方向の傷の目立つ部分が見つかった。そのうち最も傷の多い縁辺について検討しよう。なお方向性の有無の判断は観察者によって異なるかもしれないので，ここでは該当する範囲のすべての傷を，前と同じ方法でスケッチした（図2）。

傷は縁辺に平行である。A－1でところどころ帯状になって途切れているのは，階段状になったフィッシャーの影響である。剥離面の形状のためかA－1では図の下方にいくにつれて分布範囲が広くなる。それに対してB－1では剥離痕の稜部分に集中し，しかもそれが著しいのは上半分であ

って下半分ではあまり目立たない。分布範囲も狭い。概して剥離痕の内側の凹部には傷は少ない。これらの中から方向を示す傷すなわち表2のA，Bのタイプを拾ってみると，A—1では石器が下から上へ動いたことを示すものが多いが，B—1ではむしろ逆である。

　このことは何を示唆するだろうか。この部分が使用刃部とすれば，カッティングかソーイングの範疇に入るだろうことは，傷の方向を見れば予測がつく。さらに詳しく機能を限定するには，刃部の面が対象物に対してどんな角度で接していたか，知ることが必要である。その手掛かりとして，力の加えられる方向と結果として生じる剥離面の角度が考えられる。残された刃部の面に，それ以上の剥離現象をおこさせない範囲で力が加えられたと見るのである。剥離痕から使用痕としての情報を得るにはまだ信頼性が低いので，消極的に利用するにとどめたい。ただし，こうして加わったと思われる力の方向を推測できても，それは対象物に押しつける力と動かす力との合力方向である。同じスクレイピングでも力をこめてぐいぐい押しながら動かした場合と，軽く動かした場合とでは，適合する刃部の角度は異なろう。そこで合力方向の他に，刃部の動いた作業平面と刃部の関係を知る必要が出てくる。逆算で刃部の運動方向も割り出せるだろうからである。これを示しうるものとして，剥離痕の稜のつぶれた部分（口絵8参照）を考えている。その細かな形態や成因の検討はしていないが，石器の縁辺でも限られた部分にのみ見られて，人為的なものと思われる。ここで扱った資料にもつぶれは存在するので，その範囲を傷の図と並べて示した（図2のA—2，B—2）。さらに刃部を具体的にイメージするために，歯科用印象剤で刃部の模型を作り[19]，それを切って得た断面につぶれと方向性のある傷の範囲を書き加えたのが，図2中央の a・b・c である。刃部の断面を図示するこのやり方は，明確に機能を言いきるには至っていないが，剥離角や方向性のある線状痕の範囲などと刃部の動かし方との関連を具体的に調べていくには，かなり有効だと思われる。

　さらにこの他に，私達が石器から得たいと考える機能の内容，つまりスクレイピングとホイットリングの差などを厳密にしておく必要があろう。ここでは使用刃部と見立てて話を進めてきたが，支持部分という可能性も残されている。支持部分には使用刃部とは平行逆向きの力がかかるだろうという予測は立てられるが，やはり確かめるべきであろう。どの問題点も一筋縄ではいかないが，黒曜石の特性を考えるなら見過ごすわけにもいかないのである。

註
1) 木村剛朗「縄文時代石器における機能上の実験 (1)(2)(3)」考古学ジャーナル，43，45，54，1970・1971
2) Semenov, S. A.: Prehistoric Technology, 1964
3) 遺物に残った傷などをとりあえず使用痕と見なして論じており，自然についたものとの区別があいまいだった。
4) 梅津　昇「使用痕観察による石器用途の一考察」考古学ジャーナル，28，1969
5) Keeley, L. H.: Experimental Determination of Stone Tool Uses, 1980
6) 梶原　洋・阿子島香「頁岩製石器の実験使用痕研究—ポリッシュを中心とした機能推定の試み」考古学雑誌，67—1，1981
7) 芹沢長介・梶原　洋・阿子島香「実験使用痕研究とその可能性」考古学と自然科学，14，1982
8) 加藤晋平・畑　宏明・鶴丸俊明「エンド・スクレイパーについて」考古学雑誌，55—3，1970
9) これまで線状痕や点状痕と呼ばれてきたものすべてを含む。使用痕の可能性のあるものはその一部である。
10) 山下秀樹「Ⅶ　石器のキズ」小金井市西之台遺跡B地点，1980
11) 根鈴輝雄「長野県池のくるみ遺跡出土石器の顕微鏡観察」旧石器考古学，24，1982
12) 中島庄一「縄文時代前期の石器に観察される使用痕について」長野県考古学会誌，29，1977
13) 2) に同じ
14) 阿子島香「マイクロフレイキングの実験的研究」考古学雑誌，66—4，1981
15) 10) に同じ
16) 資料表面を薄膜状に覆う金。
17) タイプ7, 7′ はほぼ石器の全面に見られ，個々の石器間で量の差はあっても，1個の石器内でとくに多いとか少ないとかの差は見られないので，観察対象からはずした。
18) Lawn, B. R. and D. B. Marshall : 'Mechanisms of Microcontact Fracture in Brittle Solids' in Brian Hayden ed. LITHIC USEWEAR ANALYSIS, 1979
19) 14) 参照。Exaflex と Surflex を用いた。

特集 ● 日本旧石器人の生活と技術

石器のかたちとはたらき

日本の後期旧石器時代において全国的な分布を示す台形石器，尖頭器および細石器の形態と機能はいかなるものであったろうか

台形石器／尖頭器／細石器（九州・本州・北海道）

台形石器

筑波大学研究生
■ 小畑弘己
（おばた・ひろき）

出自・系統がナイフ形石器文化に求められる台形石器は，組み合わせ道具として使われたものと単独使用のものとがある

　西南日本を中心としたナイフ形石器文化の特徴的な石器の一つである台形石器は，その特異な形態により旧石器文化研究の当初から注目され，ナイフ形石器文化の編年上重要な指標とされてきた。平行する直線的な刃部と基部，それに直行するトリミングを施した二側辺からなるこの石器は，かつてその形態の類似性に基づき，ヨーロッパの後期旧石器終末～中石器時代に盛行した幾何学形細石器との関連が唱われ，西北九州の細石器文化の特異性を浮き彫りにする役割をはたした。この台形石器研究の本格的な出発点とも言うべき長崎県百花台遺跡の調査以来約 20 年を経たが，その間，日ノ岳遺跡，中山遺跡などの重要な発見・調査が相次ぎ，例数の増加とともに様々な台形石器の型式が知られるようになり，その編年研究も少なからず明らかにされている。台形石器の研究に多大な影響を与えたものに小田静夫[1,2]を始めとして下川達彌[3,4]，萩原博文[5]，白石浩之[6]ら諸氏の研究成果がある。ここではこれらの諸論をかりて，現在台形石器のかかえる問題点について触れてみることにする。

1　台形石器の諸型式

　台形石器は一般に百花台型，枝去木型，日ノ岳型，ウワダイラ型の4つのタイプに分類されてい る[6]。ウワダイラ型を除いた前三者が最も普遍的な存在である。研究者によって分類の委細は異なるが，広義でこれらを「台形石器」と称し，この中に「台形石器(trapeze)」と「台形様石器」が含まれる。台形様石器は台形石器（百花台型）に比べ大型で，台形石器と素材の用法，調整加工手法，形状が異なるもので，日ノ岳型，枝去木型がこれにあたる。百花台型台形石器は百花台遺跡[7]Ⅲ層の台形石器に代表される小型縦長剝片を素材とした小型の台形石器である（図1）。やや内彎する側辺と両側に張り出した角状の刃部が特徴的である。枝去木型台形様石器は小田分類のⅡa型に含まれる不定形剝片を素材とした大型の台形石器で，両面から基部を作り出すような平坦剝離を加えることが多い。撥形の体形をもち，断面形はレンズ状を呈する（図3）。百花台型の場合，刃部に石器の最大幅があるが，枝去木型の場合，器長が刃部幅を凌駕している。原遺跡の報告[8]の中で佐賀県枝去木遺跡を標式として命名された。日ノ岳型台形様石器は長崎県日ノ岳遺跡[9]Ⅲ層出土の台形石器をもとに型式設定されたものである（図2）。大型の不定形剝片を横位に用い，その両側にトリミングを施したもので，直線的な側辺をもつ。ウワダイラ型台形石器は縦長剝片の一辺を切断して長方形に剝片調整を加えたものである（図4）。

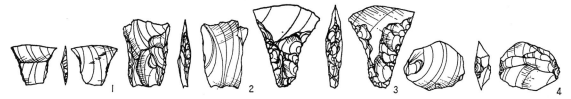

台形石器の各型式　1：百花台型　2：日ノ岳型　3：枝去木型　4：ウワダイラ型

　この台形石器における型式の違いが何に起因するものなのかは，技術伝統の差に基づく民族的なレベルの違いか，機能・用途の違いか，編年レベルの違いかなど諸要因が考えられるが説得力のある意見は少ない。しかし大方の意見として，時間的流れの中における形態・製作技術の発展という形で解消されているようである。

2　台形石器の編年

　台形石器の編年研究は中山遺跡[10]をはじめとする資料の増加と日ノ岳遺跡における層位別の台形石器の検出によって著しく進展をみせた。下川氏はこれらの遺跡での調査結果をもとに日ノ岳型→百花台型・枝去木型の変遷過程を設定した。これは日ノ岳Ⅲ層からⅡ層への枝去木型の増加という層位的事実と，日ノ岳型から枝去木型へ移行する形態の把握がその根拠となっている。また枝去木型に顕著な平坦剥離の技術が，その後に出現する両面加工の尖頭器への技術的な一環した系統上にあると考えられることからも追認できるという。

　しかし日ノ岳Ⅲ層では，日ノ岳型・百花台型の両タイプが出土しており，一様にこの発展の図式を示してはいない。稲富裕和氏はこのⅢ層を二者が一器種として分化・発展した段階と理解している[11]。白石氏は日ノ岳型の製作が各器種に応じた素材の生産でなく，素材の形に制約された器種生産であるのに対し，枝去木型の場合は調整剥離に重点をおき素材の形状を変化させることに重きをおくようになったものと解釈している。そして百花台型においては，一器種の製作のために独立した小型縦長剥片を得ることに成功した剥片剥離作業をもつに至ったもので，これから日ノ岳型→百花台型・枝去木型の変遷を想定している。萩原氏は日ノ岳型→百花台型と理解し，枝去木型を百花台型と併存するものと考えている。ただし技術系統的に日ノ岳型・百花台型と枝去木型は大きく異なるとしている。

　系統問題に微妙な差はあるもののいずれの編年においても日ノ岳型→百花台型・枝去木型の変遷の公式は基本的に同じである。この点に関して近年の発掘調査により新たな問題が提起されつつある。百花台遺跡の再調査において6層下部（AT直上）に枝去木型台形様石器が検出され，これまでの型式変遷からみて日ノ岳型台形様石器がAT以前まで遡る可能性がでてきている[12]。また大分県百枝遺跡ではAT下位のⅥ層から平坦剥離を施した枝去木型に類する石器が出土しており，その上位のⅣ層からは百花台型台形石器が出土している[12]。熊本県曲野遺跡ではATより下位の層から台形石器を含む石器群が検出されている[12]。しかし曲野遺跡の場合はATの出土層準をめぐって異なる見解があり，調査継続中でもあることから早急に結論を下すことはできない。

　このAT以前の時期に属する台形様石器の類例の増加は枝去木型と日ノ岳型の関係についての問題を深化させている。枝去木型の台形様石器は鹿児島県上場遺跡[13]6層上文化層からも検出されており，約2.3～2.2万年前からナイフ形石器文化の終末期までの長期にわたって存続した石器と解される。この枝去木型と日ノ岳型の関係が重層的に把握されたのは日ノ岳遺跡のみで，他は型式的な技術論から補完されているにすぎない。枝去木型が長命の石器である以上，日ノ岳型をこれに先行させて考える編年上の位置づけだけで理解するのには無理な段階にきている。

　ここで想起されるのは枝去木型と日ノ岳型の出自を異なる基盤上においた萩原氏の指摘である。氏は枝去木型の特徴である平坦剥離の技術は東九州（あるいはそれ以東）の影響を受けたものであり，その技術系統，用法が日ノ岳型・百花台型と異なると考えている。この点から枝去木型台形様石器は異なる基盤をもって異なる器種として出現したもので，日ノ岳型や百花台型などの台形石器と区別して考えた方がよさそうである。

3 台形石器の機能・用途

台形石器の大きな特徴は器軸に直交する直線的な刃部をもつことである。これは器軸に対して斜位の刃部をもつナイフ形石器や鋭い尖端部をもつ尖頭器などの石器に比べて，その機能や用法を想定することが難しい。これまでこの台形石器の機能・用途にまつわる種々の説が提示されたが，いまだ決着をみないというのが現状である。小田氏は台形石器に認められる使用痕（損傷）の観察を行ない，頭部における使用痕の収束状況から投射される道具─直刃の鏃である可能性を指摘している。この台形石器＝直刃の鏃（直剪鏃）説は佐藤達夫氏によっても指摘されている[14]。氏は百花台Ⅱ層の台形石器を梯形直剪鏃と考え，インド・東南アジアにその系譜を求めた。しかしこれは文化年代の差や中間地帯における台形石器の欠落から一般に受け入れられていない。やはり台形石器の出自・系統はナイフ形石器文化に求めるべきであろう。

萩原氏は中山遺跡出土の台形石器の詳細な分析を通して，台形石器にもナイフ形石器と同様に狩猟具・切截具の2種の使用法があるとした。そしてその用法は狩猟具の先端部あるいは側辺部の植刃としての2種があり，枝去木型台形様石器は基部着柄を意図したもので，単独で使用されたと考えている。

このような台形石器・台形様石器の調整加工の様態，使用痕の分析などからその機能を類推する試みは，これまで多くの議論を惹起してきたナイフ形石器の場合と同じく，その使用状況を具体的に示す着装例，対象物の自然遺存体の出土をみないわが国においては消極的な意見に留まってしまわざるを得ない。台形石器と台形様石器は明らかにナイフ形石器文化期の石器群の一構成員であり，他の石器の機能を念頭においてその働きを考察する必要がある。この石器群にはナイフ形石器をはじめとして狩猟用具である尖頭器，動物解体や道具製作にたずさわったスクレイパー，彫器，ドリルなどの implements が含まれている。台形石器はこの中で狩猟具として大きな力を発揮してきたと考えられる。

西南日本においてナイフ形石器文化の assemblage の中で尖頭器と目されるものに三稜尖頭器・剝片尖頭器がある。台形石器は応々にしてこれらの尖頭器と共伴する場合が多く，とくに剝片尖頭器と百花台型台形石器の結びつきが強い。百花台Ⅲ層は台形石器を主とした文化として一段階を与えられてきた。しかし百花台Ⅲ層のようなあり方はむしろ特異なものであり，百花台型をはじめとする台形石器がナイフ形石器文化の終末において単独で西南日本を席捲した様相は認められない。尖頭器，ナイフ形石器を欠く百花台Ⅲ層は遺跡における場の性格の違いを反映したものであろう。台形石器が尖頭器を含む石器群中に存在することは，小田氏が否定した投槍の尖頭器としての用途を全く否定するものではない。小田氏はその重量から鏃としての機能を想定したが，逆に枝去木型の中には充分に尖頭器に値する重量をもつものもあるし，台形石器を組み合わせの道具の一部と考えれば重量の軽さは解決されよう。百花台Ⅲ層の台形石器の数（93個）はⅡ層の細石刃の数（145個。うち使用可能は100個前後と考えられる）と比べてもさして変わるものでもないし，中山遺跡においても量的に他の石器を凌いでいる。これは石器の定形化とともに百花台型台形石器が組み合わせ道具として使用された可能性を暗示するものである。逆に枝去木型の台形様石器は数的にナイフ形石器や尖頭器とほぼ同じか少なく，基部作り出しなどの点も考慮して，単独で使用されたと推察される。しかし具体的な用法・使用対象についてはまだ問題を多く残している。

4 まとめ

台形石器は composite-tool として使用されたと考えられる日ノ岳型・百花台型と単独で使用されたと考えられる枝去木型があり，編年的に後者が古相を示すという状況が提示されつつある。百花台型台形石器は composite-tool として完成された姿をもち，他の小型のナイフ形石器とともに細石器化の極相に達したものといえよう。枝去木型台形様石器は日ノ岳型→百花台型と別の系譜をもち，歩を異にして展開していく石器と考えられるが，現時点で決着をつける必要もないであろう。日ノ岳型台形様石器の編年的位置の再考，そのための例数の増加に期待したい。

ヨーロッパ平原の後期旧石器時代の終末期の状況を概観すると，1万2千年 BC から8千年 BC にかけてドリアス中期のツンドラ植生→アレレード間氷期のマツを主体とした森林性植生への変

化，ドリアス後期のツンドラ植生の再来という環境の変化に順じて，それぞれの環境に順応した有肩ブレイドに代表されるハンブルギアン文化，アーチ状小型ブレイド複合，有柄ポイントを主体とするアーレンスブルギアン文化が変遷するという事実が知られている。このツンドラ植生と森林植生の消長に伴う石器複合の進出・後退・変換は石器の技術体系がそれぞれの環境のもとにおける植物相・動物相に特異的に順応した状況をうまく説明してくれている。西南日本とくに西北九州に偏在的に分布する台形石器は，それを支えた具体的な生態系に関する情報は少ないが，おそらく洪積世氷期の終焉に伴う微環境の成立，生業の多様化に則したcomposite-toolの出現として理解できよう。この直後に出現する細石刃は少なくとも西南日本においてはあらゆる道具(主に狩猟具・切截具)のpartsとしてその材料を供給した。これは台形石器が依然としてナイフ形石器文化石器群の一構成員としてその働きを遂行したのに対し，組み合わせ道具としてより発達した技術体系と考えられる。

註
1) Shizuo Oda : "Some Aspects of Japanese Pre-ceramic : The Microlithic Tendency in the Southwestern Parts of Japan" 人類学雑誌, Vol. 7, No. 5・6, 1969
2) 小田静夫「台形石器について」物質文化, 18, 1971
3) 下川達彌「長崎県日ノ岳遺跡の石器文化」物質文化, 25, 1975
4) 下川達彌「西北九州ナイフ形石器文化の概要—最近の調査から—」長崎県立美術博物館研究紀要, 3, 1977
5) 萩原博文「台形石器—百花台型を主体とした統計分析—」平戸市文化財調査報告書, 1979
6) 白石浩之「西南日本におけるナイフ形石器終末期の予察」神奈川考古, 3, 1978
7) 麻生 優・白石浩之「百花台遺跡」日本の旧石器文化, 3, 1976
8) 杉原荘介・戸沢充則「佐賀県原遺跡における細石器文化の様相」考古学集刊, 3—2, 1971
9) 下川達彌『日ノ岳遺跡』1981
10) 萩原博文『度島町湯牟田中山遺跡』1977
11) 稲富裕和「台形石器」第4回九州旧石器文化研究会発表要旨, 1981
12) 第6回九州旧石器文化研究会発表要旨, 1982—11
13) 池水寛治「鹿児島県出水市上場遺跡」考古学集刊, 3—4, 1967
14) 佐藤達夫「ナイフ形石器の編年的一考察」東京国立博物館紀要, 5, 1969

―口絵解説―

静岡県広野北遺跡

■ 山下秀樹
平安博物館助手

広野北遺跡は，天竜川左岸に発達する扇状地性中位段丘である磐田原台地の西縁近くに位置する。磐田原台地の先土器時代遺跡は，一般的に網の目状に発達した深さ2〜3mの浅谷に沿うが，本遺跡は例外的に8〜10mの深い浸食谷の西緩傾斜面を中心に占地する。

遺跡の標準的な堆積は図に示す如くである。第Ⅱ層には古墳・弥生・縄文時代の遺物が，第Ⅳ層には細石器群・尖頭器群・ナイフ形石器群，第Ⅴ層にはナイフ形石器群がそれぞれ含まれる。ここではナイフ形石器群の，とくに遺物・遺構の分布を中心に述べる。

第Ⅳ層の石器群は，全体として茂呂型ナイフ形石器文化伝統の末期に近い。遺構では，礫群約80，配石50以上，土坑18が発見されている。これらが南北約200m，東西約60mの，台地上から東に張り出した緩傾斜面に分布する。礫群は張り出し地形を縁取るように連なり，その内側に配石・石器ブロッ

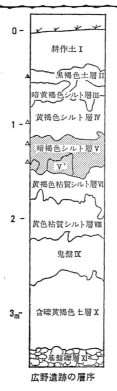
広野遺跡の層序

クが分布する。最も内側の尾根筋には遺物は比較的少なく，18基の土坑がほぼ10m間隔を保って帯状に分布する。全体としては地勢に従って，中央に空間を持つ弧状の集落形態を考えることができる。

第Ⅴ層も第Ⅳ層と石器形態上の区別をつけ難いナイフ形石器群である。礫群約50，配石約100が発見されている。土坑は未発見である。遺構の分布範囲は第Ⅳ層に似るが，こちらは数基の礫群と配石がまとまって一つの単位を形成する。このような単位を，少なくとも6つは認定することができ，それらがやはり台地縁に近く分布している。中央部の尾根筋には，配石ばかりが分布する事が多い。

―口絵解説―

尖 頭 器

明治大学大学院
■ 大竹憲昭
（おおたけ・のりあき）

日本各地の尖頭器は大きく３つのグループにわけられるが，
それはそれぞれ尖頭器の発生，発達，衰退の過程を示している

尖頭器（Point）という用語は，先端が鋭く尖り，刺突の役割をはたしたと思われる道具につけられた呼称である。したがって，ヨーロッパをはじめとする諸外国では，先端さえ尖っていれば，骨角器であろうと，石器であろうと，また日本ではナイフ形石器として扱われるようなものに対しても尖頭器という用語を使っている。しかしながら，日本先土器時代研究上の用語としての尖頭器は，主に槍先として使われたと考えられる石器について用いており，諸外国と比べるとかなり限定された使い方がされているといえよう。その意味からすれば，正確には槍先形尖頭器という用語が使われるべきである。ここでこれから扱う尖頭器も，槍先形尖頭器であることをはじめに断わっておきたい。

さて，尖頭器は，先土器時代後半から終末にかけて，ほぼ日本各地で製作・使用された石器である。そのかたちにもさまざまなものがみられる。まずはじめに，尖頭器をかたちづくる要素をとおして，尖頭器のさまざまなかたちを概観してみよう。

1 槍先形尖頭器のさまざまなかたち

尖頭器の素材には，剝片，礫片，礫が使われている。尖頭器は調整加工が両面に面的に及ぶものが多く，素材を明らかにすることはなかなか難しい。しかしながら，尖頭器の中には周辺や片面だけに加工したものがあり，それらから直接素材を判断することができる。また遺跡全体の石器製作技術を検討することによって素材を推定することも不可能ではない。尖頭器の素材に，礫・礫片が剝片と同様に用いられるということは，剝片石器で代表される先土器時代の中にあって，ひとつの大きな特徴といえよう。

調整加工のバラエティーは特徴的で，尖頭器が多様であるといわれるのも，この調整加工に視点が重くおかれるからであろう。調整加工の種類は，両面ともに調整剝離が及び，断面形がレンズ状を呈す両面加工のもの。最も完成された尖頭器らしいものである。片面だけにしか加工を施さない片面加工のもの。断面はD字形を呈す。両面加工と片面加工の中間的なもので，片面は全面に調整剝離が及ぶが，もう一方の面は，部分的な調整剝離であったりして，不完全な両面加工ともいうべき半両面加工のもの。断面はD字形を呈す。また，調整剝離が面的に行なわれないものもある。周辺加工の尖頭器は，剝片などの縁辺に加工を施すことによって作り上げられている。また，部分的（先端）に集中的に加工を施すことによって作り上げられた部分加工のものもある。以上，調整加工には，大きく５つのバラエティーが認められたが，実際には両面，片面，半両面加工の三者が多く認められ，尖頭器の原則的な調整加工といえるであろう。

尖頭器の形状にも，調整加工同様かなりのバラエティーがある。木葉形，柳葉形，菱形の比較的形の整ったものから，左右非対称のものなど，さまざまである。また非常に形状の整ったものとして，茎部をもつ有茎尖頭器があげられよう。

尖頭器の大きさは，小さいものは 2 cm 大のものから大きいものは 30 cm を越えるものまである。また石材の影響からか，東北地方の尖頭器が比較的大形なのに比べ，関東・中部地方は小形のものが目立つ。しかし，全般的には 5 cm ぐらいを境として，以下のものを小形，5 cm 以上 10 cm ぐらいのものを中形，10 cm を越えるようなものを大形と呼べるであろう。

以上，素材，調整加工，形状，大きさとそれぞれ尖頭器をかたちづくる要素ごとに概観してみた。これらの要素が複雑に組み合わさり，さまざまなかたちの尖頭器があらわれているといえよう。そのバラエティーは，ひとつには，時間差・地域差をあらわしていると理解されよう[1]。また，用途の違いによって作り分けられた，つまり機能差とも理解されよう[2]。とにかく，素材の選択から調整加工，作られた尖頭器の形状・大きさには，

60

一連の関係があるはずである。以下，遺跡を単位としてとらえ，尖頭器の組み合わせの実体をとらえ，バラエティーの意味するものを探る手がかりとしよう。

2 槍先形尖頭器の組み合わせ

（1） 北海道地方

本地方は，良質の黒曜石を多く産出し，尖頭器もその黒曜石を素材としており，ほとんどの遺跡では，剥片を素材として尖頭器を作りあげているものと思われる。

置戸安住遺跡における尖頭器の調整加工には，両面・半両面加工がみとめられ，素材を大きく変形することはあまりないようである。そこにはいくつかの形態を見い出せる。置戸型と称された，半両面加工の小形木葉形の尖頭器は非常に特徴的である。その他に，中〜大形の木葉形，柳葉形の尖頭器が伴っており，遺跡総体では３つの形態の尖頭器が伴っていると言えよう。

立川遺跡では，立川型ポイントと呼ばれた有茎尖頭器を出土する。調整加工は，もちろん両面に及び，押圧剥離を行なっている尖頭器で，技術的にも，またその斉一性のある形態にも最も発達した段階の尖頭器であることがうかがわれる。

本地方では，上記２つの遺跡によって代表されるように，木葉形・柳葉形の複数の形態が組み合わさっているような石器群と，有茎尖頭器といった単一の形態が特徴的にとらえられる石器群の２つがみられる。

（2） 東北・中部北半地方

本地方は硬質頁岩を産出し，石質こそ違いはあるが，豊富で良好な石材が得られるという点では北海道と共通するところもあろう。

山形県越中山Ａ遺跡は，両面，半両面加工の尖頭器が多数発見されている。それらの尖頭器は，大きく２つの形態に分けられる。一つは小形で木葉形の半両面加工の尖頭器であり，もう一つは大形で木葉形の両面加工の尖頭器である。この両者の形態差ははっきりしており，明らかに作り分けていることが感じられる石器群である。

新潟県中林遺跡は，有茎尖頭器が卓越する石器群である。立川遺跡の有茎尖頭器と比べ茎部分が，明確に突出はしていないという違いが指摘できるが，中林の有茎尖頭器はすべてこのタイプのものであり，やはり画一化された一つの形態としてとらえられる。また本遺跡では，木葉形と柳葉形の尖頭器も伴出しているが，その量は有茎尖頭器に比べ非常に少ない。やはり有茎尖頭器という一つの形態に代表される石器群といえよう。

以上のように，本地方も基本的には複数の形態を有する石器群と，有茎尖頭器に代表される２つの石器群があることがわかる。

（3） 関東・中部南半地方

本地方は，今まで述べてきた地方とは石材の点で大きく異なる。関東地方は単一的な石材の原産地をもたないため，黒曜石・チャート・凝灰岩・安山岩などさまざまな石材を使う。またその大きさも小さいものが多い。しかし，この小さな石材は意外に尖頭器の製作・形態に好都合であったのかもしれない。小形の礫のもつ自然の角・ふくらみを利用した尖頭器が，この地方では割合に多い。本地方が他の地方に比べ尖頭器を出土する遺跡が多いことと何らかの関係があったことが想像される。

群馬県武井遺跡では，黒曜石・チャート・頁岩の多様な石材を用いた片面・半両面・両面加工のさまざまな尖頭器が出土している。その形状も，木葉形，柳葉形，左右非対称のもの，さらに大きさも ２cm〜８cm のものまであり，多様な尖頭器が組み合わさっていることが指摘できよう。しかしながら，それぞれの形態の間には，画然とした差を見い出すことはできない。

長野県八島遺跡は，遺跡周辺から産出する黒曜石の角礫を素材として尖頭器を作っている。武井遺跡と違い，単一的な素材を使用しているにもかかわらず，作られる尖頭器は，実に多種多様のものがある。多様な形態の尖頭器を作り出そうとする意図はくみとれるが，調整加工技術の未熟さなどから，画然とした形態に作り分けられないようである。

上記の２遺跡の例に比べ，長野県上ノ平遺跡の尖頭器はより発達した段階のものとしてとらえられる。上ノ平遺跡の尖頭器は，素材は，八島遺跡に似て板状の礫を利用しているが，押圧剥離を行なった両面加工のものである。またそこには，形態の作り分けもされている。小形の尖頭器は，菱形・柳葉形・偏形の三つの形態に，さらに大形の木葉形の尖頭器を有している。また，小形のものには黒曜石を，大形のものには安山岩・チャートと，石質を変えている点からも，形態の違いをは

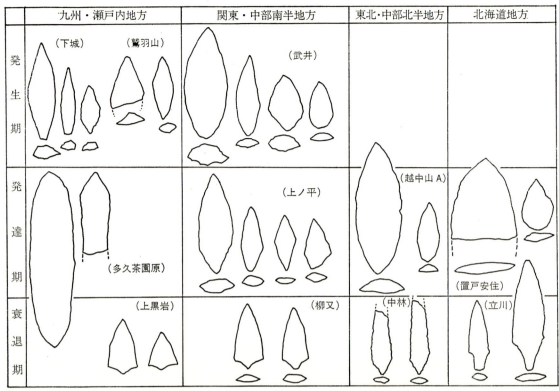

尖頭器のさまざまな組み合わせ　（縮尺 1/3，ただし多久茶園原は約 1/4）

っきりと意識していることがうかがわれる。

　この上ノ平遺跡のように，複数の形態が組み合わさる石器群は，他に長野県馬場平遺跡，東京都西之台B遺跡Ⅲ上文化層，仙川遺跡Ⅲ層文化層など，遺跡によって，尖頭器の組み合わさり方にはバラエティーがあるものの，数多くの遺跡の存在が認められる。

　さて，有茎尖頭器を出土する石器群としては長野県柳又遺跡があげられるであろう。本遺跡の有茎尖頭器は，先にふれた，立川遺跡，中林遺跡のものとはタイプが異なるが，形態に強い斉一性がある点では同じといえよう。

　以上より，本地方の尖頭器は大きく3つの石器群としてとらえられる。第1は，多様な形態を有するが，各形態間には画然とした差が認められないもの。第2は，複数の形態がはっきりと認められるもの。第3は，有茎尖頭器を有し，ほぼ単一の形態が卓越するもの。第2，第3の石器群は，北海道・東北・中部北半地方でも認められていたが，第1のような石器群の存在は，本地方の一つの特徴としてとらえられる。

（4）瀬戸内・九州地方

　本地方はサヌカイト・黒曜石の豊富な原産地を有する。それを利用し，他に例をみないほどの大量の尖頭器を製作した遺跡もあるが，その他全般的には遺跡の数は，関東・中部地方に比べ少ない。

　熊本県下城遺跡の尖頭器は，三稜尖頭器と呼ばれ，独特な製作方法が指摘される。尖頭器の片面の中央に稜があり，その稜上からも剝離を行なっている。断面が三角形を呈す。このように非常に特殊ともいえる製作方法ではあるが，形状は，木葉形・柳葉形の尖頭器を作り出している点では，他の尖頭器と変わるところはない。また，形態にも画然とした差が認められない点は，本州の武井遺跡，八島遺跡と共通する面が指摘できる石器群といえよう。

　岡山県鷲羽山遺跡の尖頭器は，サヌカイトを利用し，両面・半両面加工を施し，大形・小形，木葉形・柳葉形の多様な形態の尖頭器を作り出してはいるが，形態間に画然とした差が認めにくく，尖頭器の製作方法はまったく違うが，下城遺跡と共通点を見い出せる。

　佐賀県多久茶園原遺跡は，20 cm を越える大形両面加工の尖頭器を多量に出土する遺跡で他に類例がない。木葉形・圭頭形といった形態が明確に

分かれ，複数の形態をもつ石器群であるといえよう。

有茎尖頭器を出土する石器群は，愛媛県上黒岩遺跡をはじめ，瀬戸内地方では数多く発見される。しかし九州地方ではごく一部の例をのぞき，発見されていない。

本地方においても，関東・中部南半地方と同様な3つの石器群がとらえられたといえる。しかし，九州地方は下城遺跡や多久茶園原遺跡の例，有茎尖頭器を出土しないことなど，今までみてきた地域と違った様相を呈しているようである。

3 槍先形尖頭器の移り変わり

日本各地の尖頭器は，その個々を取り上げれば，実に多種多様なものがある。しかし遺跡を単位として尖頭器の組み合わせで比較すると，大きく3つのグループに分けられる。

第1のグループは，関東・中部地方以西に分布がみられる。武井遺跡，鷲羽山遺跡，下城遺跡などである。片面・半両面・両面加工があるが，全体的に作りは粗雑で，尖頭器の加工技術がまだ未熟な段階であることを感じさせる。作り出された形態は，多様なかたちをもち，そこにはいくつかの形態を生み出そうとした意図はみられるが，形態の差が画然としない。尖頭器の発生の段階を示すともいえよう。

第2のグループは，ほぼ日本全国にその分布がみられる。置戸安住遺跡，越中山A遺跡，上ノ平遺跡，多久茶園原遺跡などに代表されよう。両面加工のものが多くなり，調整に押圧剥離の技術も加わり，自由自在にさまざまな形態を用途に合わせて，作り分けたのであろう。尖頭器の最も発達した段階といえよう。

第3のグループは，有茎尖頭器に代表される石器群で，その分布は九州を除く各地でみられる。調整加工技術は，頂点に達しているともいえるほど，みごとな加工を施している。しかしこの段階になると，木葉形・柳葉形の多様な形態は，あまり作らず，有茎尖頭器といえ斉一性の強い一つの形態に集約されてしまう。前段階において発達した尖頭器も，小形の有茎尖頭器の発達とともに目立たなくなってくる。

以上，3つのグループの移り変わりは，先土器時代において尖頭器が発生・発達し，衰退してゆく各々の段階を示しているといえよう。

4 槍先形尖頭器と先土器時代人の生活

先土器時代も後半になって，ハンターであった先土器時代人は，また新たな飛躍をした。彼らは石に面的な調整を加えることによって，槍先を作ることを知った。しかしながらその初期の段階には，石材に変化を持たせたり，加工法を駆使することによって，用途に応じたさまざまな形態をもつ尖頭器を作ろうとはしたが，技術的な面で彼らの意図するかたちにはなかなかならなかった。

素材の用い方，加工技術の進歩によって，彼らは，自由自在に尖頭器を作れるようになった。用途によって大・小，木葉形・柳葉形の尖頭器を作り出すに至った。対象とするものにそれぞれの形態を用いたと思われる彼らの狩猟技術は，まさに槍を使った狩猟が最高潮であったことを想起させる。

そのなかにあって，彼らの使っていた多くの槍先のうちの一形態として生まれたと思われる有茎尖頭器の発生は，彼らの狩猟に何らかの変化があったことを意味しているようである。いくつかの形態をもっていた槍先は，有茎尖頭器という一つの形態を卓越させることとなった。その原因は，対象となっていた動物相が変化したのだろうか。いずれにしても，彼らの狩猟の方法が変わったことは確かである。それは，木葉形・柳葉形の槍を使った狩猟の終焉ともいえるであろう。

有茎尖頭器を使用した彼らの狩猟方法は，弓矢を使う縄文時代の狩猟方法へのスムーズな移行を約束したものであったことがうかがわれる。

尖頭器のさまざまなかたちと，その移り変わりは，ハンターとしての先土器時代の狩猟に対する知恵と技術を物語ってくれるのである。

註
1) 芹沢長介「長野県馬場平遺跡略報」石器時代, 1, 1955
   麻生 優「信濃中ツ原の無土器文化」石器時代, 2, 1955
2) 戸沢充則「長野県八島遺跡における石器群の研究」駿台史学, 8, 1958
   杉原荘介『長野県上ノ平の尖頭器石器文化』明治大学文学部研究報告考古学第三冊, 1973

細 石 器 （九州地方）

別府大学助教授
■ 橘　昌　信
（たちばな・まさのぶ）

細石刃は組み合わせ道具の刃部としての機能が考えられるが，
九州では最古の土器群や石鏃との共伴例が報告されている

1　細石刃の機能

旧石器時代の終末に位置づけられる細石器文化は，組み合わせ道具の刃部である細石刃によって特徴づけられる。この細石刃（細刃器）は，長さ3～4cm，幅が5mm前後，厚さ2～3mmというきわめて小さな石器であり，単独で使用するには不可能な大きさである。そこで，細石刃は木製あるいは骨製の柄（シャフト）に，あるまとまった数を装着することによってはじめて突いたり切ったりする1つの道具ができあがるとされている。このように細石刃文化の主役は細石刃である。ところが，細石刃それ自体に2次加工が施されることは稀であり，そのため他の石器のように細石刃の形態に時期的なあるいは地域的な特徴を明確に抽出することは困難である。言いかえれば，細石刃の形態は時期・地域を越えてほぼ規格化されていると言うことである。そこで，いきおいその規格化された細石刃を多量にしかも能率的に得るための素材である細石核に目が向けられることになる。

細石核には，細石刃を製作するための石材の選択や細石核の整形・細石刃剝離などの技術，またその結果としての細石核の形態などに，ある人間集団の意志が如実に反映されている。そこで，細石核の技術的・形態的な観察・分析は，細石器文化の時間的空間的な把握を行なう上でかかすことのできないものであり，同時に細石器文化を究明する上での1つの有効な手段となり得るのである。

2　細石刃の製作技法

九州地方において，細石刃・細石核などの遺物が出土している遺跡は，西北九州を中心に170ヵ所ほどが知られており，きわめて普遍的な存在とみなされる。九州全域に広く認められる細石器文化の遺物，とくに細石核については，その製作技術・形態それに石材などにいくつかの特徴を見い

だすことができ，時間的な変遷と地域性をうかがうことができる[1]。

九州地方における細石刃の製作については，細石核の整形および細石刃剝離，石材などから4つに大別することが可能であり，その製作過程を便宜上「技法」として仮称しておきたい[2]。

福井技法　細石核の形が舟底状を呈することから舟底形細石核という呼称でよく知られている[3]。長崎県福井岩陰の第Ⅱ・Ⅲ層出土の細石核に代表されるものであり，また近年では，長崎県泉福寺洞穴において好資料が出土している。九州の西北部において特徴的に発見されているこの舟底形細石核の一連の製作過程に対して西海技法という名称が使用されている[4]。

この細石核は，黒曜石の厚味のある剝片，あるいは表皮が取り除かれたものが素材に用いられている。細石刃を剝離するための打面作出に先だって，この素材の両面に調整剝離を施して細石核のブランクが準備される。側面調整の密度には精粗があり，両面とも丹念な調整が施されて，横断面が凸レンズ状をなすものと，一方の面にのみ調整の剝離が集中して，横断面がD字状のものとが存在する。打面は側面の1方向から行なわれる小さな剝離によってできている。このほか，短軸からの大きな剝離によって打面が作られるものもある。細石刃の剝離作業に先だって，打面調整が施される。以上の一連の基本的な過程によって製作された細石核を福井型細石核と呼んでおく。

福井型細石核が出土している遺跡は，佐賀県の唐津から伊万里にかけての東松浦半島，長崎県の松浦から佐世保周辺の北松浦半島に顕著である。これらの地域は九州地方にあって，良質な黒曜石を産する地域でもある。この細石核が出土している周辺の地域として，西および北は，壱岐・宇久島・五島列島が知られている。一方，東および南では，福岡から大分，熊本の北部の地域においてである。しかしながら，西北九州以外の地域では出土数も極端に少なく，しかも技術的にも福井型

64

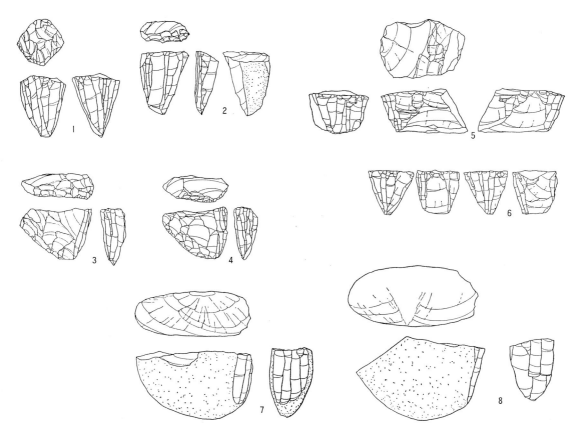

九州地方の細石核　1・2：野岳型　3・4：福井型　5・6：船野型　7・8：畦原型（縮尺 1/2）

細石核の特徴が薄らぐ傾向がみられる。

野岳技法　細石核の形が角錐形・角柱形を呈するもので，野岳・休場型細石核として周知されている。また，矢出川技法[5]という名で細かな分析が行なわれ，野岳型・矢出川型・門田型と言うように石核整形のあり方からの分類が試みられている。

野岳技法の基本的な製作過程は，まず手ごろの大きな母岩の一端に平坦な面を作り出して，それを打面にして石核の整形を行なう。母岩を分割することによって素材を準備したり，また打面作出に先だって素材に調整を施すなどの過程はみられない。細石刃剝離は一面から主として行なわれるが，他の面にまでおよぶものも存在する。打面調整は施される。福井型細石核に比べて，側面観および正面観はバラエティに富んでいる。野岳技法は，細石器文化に先行するナイフ形石器文化などで普遍的に認められる縦長剝片剝離技術と共通する点に，最大の特徴がみいだせるであろう。このことは，野岳型細石器の石材が他の細石核の石材の選択と比べて，より多くの種類が用いられて

ることや，九州での分布範囲がほぼ全九州におよんでいること，さらに野岳・休場型細石核と呼ばれているように西日本の広範囲に認められることなどと無関係ではないであろう。

船野技法　船野型細石核[6]と称しているもので，全体的な形は舟底状を呈している。しかしながら，両面・半両面加工の福井技法のそれと異なり，側面の調整剝離はいたっておおまかである。細石刃剝離作業面の長さとその幅がほぼ等しく，全体的にずんぐりした形をしている。そのため，正面観は幅の広いU字形ないしは逆台形を呈している。

この細石核の整形および細石刃製作の基本的な過程は次のように考えられる。まず，拳大かあるいはそれよりやや大きめの母岩の一端に剝離を施して平坦な打面を作る。次に，母岩に作られた剝離面を打面にして，細石核の素材になる厚味のある剝片をとる。この剝片の主要剝離面はそのまま細石核の打面として利用されるとともに，細石核整形の打面となり，両側面調整のための粗い剝離が施される。細石刃剝離のための打面調整は施さ

れず，短軸の一端あるいは両端で細石刃剥離作業が行なわれる。船野技法による細石核の分布については，福井型や野岳型の分布の希薄な地域を埋めるかのように，東九州の地域すなわち大分県中〜南部，宮崎県中〜北部で集中的に知られている。また，福井型や野岳型の石材では黒曜石の利用度が高かったのに対し，この船野型は無斑晶流紋岩（むはんしょうりゅうもんがん）で占められている。無斑晶流紋岩は宮崎・大分両県の境をなす祖母・傾（そぼ・かたむき）山系の祖母火山岩類で，東九州の大きな川の河床および河原に転礫として産出される。

　畦原技法（うねわら） 扁平な小礫を素材に用いた製作過程がきわめてシンプルな舟底形の細石核がある[7]。拳大の大きさの砂岩または粘板岩の扁平な礫が母岩として選ばれる。次にその扁平な礫の一端を大きく打ち割って平坦な打面を作る。その後，側面の整形や打面調整などはまったく行なわず，短辺の一端あるいは両端から細石刃の剥離作業が開始される。この畦原技法は打面作出のための1回の剥離だけで細石核のブランクができあがることになり，両側面は表皮あるいは節理面がそのまま最後まで残されている。細石核の素材となっている母岩の形に依存している特殊な製作方法に対して畦原技法と仮称しておく。

　畦原型細石核は現在のところ宮崎と鹿児島の一部の地域において発見されているのみでその分布範囲は狭いようである。船野型と同様に，福井型や野岳型の分布密度の薄い地方を埋めるものと考えられるが，同時に細石核となる石材の供給ときわめて強い関連が示唆される。畦原型細石核の時期や共伴遺物などについてはまだ明確になっていない。

3　細石刃の時期的位置づけ

　九州における細石刃の製作については，以上の4つの技法に代表されると見なされるが，その時期的な位置づけや相互の関連については問題が残されている。しかしながら，それぞれ異なる製作過程で作られる細石刃は，石材での違いがあるものの細石刃自体での形・大きさの上では基本的な相違を抽出することができない。形・大きさの類似，すなわち形態の類似性はそのまま機能の類似性につながるものと考えられよう。細石刃の一般的な機能については最初に述べたとおり，組み合わせ道具の刃部が想定されている。細石刃の柄への装着では，完全な形の細石刃を直接装着するのではなく，やや厚味のある打面部や内彎気味にしかも細く尖る末端部を折り取るいわゆる3分割が考えられている[8]。両端を折り取って中間部を装着するという使用法がそれぞれ異なる技法で製作された細石刃に採用されたかどうかの詳細な分析も必要とされるであろう。

　九州での細石刃の機能を検討する際，小形の幾何学形のナイフ形石器や台形（様）石器との問題が提起される。すなわち，これらの石器の一部が組み合わせ道具の刃部としての可能性である。また，九州では隆起線文土器や爪形文土器で代表される最古の土器群と共に細石刃が使用されており，さらに，細石刃と石鏃との共伴も報告されている[9]。いずれも九州の細石器文化の位置づけを考える上でとくに重大な要素となる。

　註
1）橘　昌信「九州地方の細石器文化」駿台史学，47，1979
2）九州地方の細石刃製作についてはすでに幾人かの先学によって論じられており，その主要なものとして，次のような論文がある。
　　小林達雄「日本列島に於ける細石刃インダストリー」物質文化，16，1970
　　林　謙作「福井洞穴における細石刃技術とその東北アジア・北アメリカにおける位置づけ（上）（下）」考古学研究，16—4・17—2，1970
　　鈴木忠司「野岳遺跡の細石核と西南日本における細石刃文化」古代文化，23—8，1971
　　安蒜政雄「日本の細石核」駿台史学，47，1979
　　木崎康弘「九州地方の細石核」熊本史学，55・56，1981
3）麻生　優「細石器文化」日本の考古学，Ⅰ，1965
4）泉福寺洞穴出土の細石核・ブランクなどの資料から導き出されている。拙稿では細石核の打面作出に先だって，両面あるいは片面の整形が施される製作過程を含むものを福井技法として一括する。西海技法もその1つで，しかももっとも発達したものとみなしたい。
5）註2）の安蒜1979と同じ
6）橘　昌信「東九州における細石核―船野型細石核―」考古学ジャーナル，167，1979
7）茂山　護・大野寅夫「児湯郡下の旧石器」宮崎考古，3，1977
8）杉原荘介・戸沢充則「佐賀県原遺跡における細石器文化の様相」考古学集刊，4—4，1971
9）鹿児島県教育委員会「加栗山遺跡・神ノ木山遺跡」鹿児島県埋蔵文化財発掘調査報告書，16，1981

細石器（本州地方）

—関東・中部南部を中心に—

神奈川県立埋蔵文化財センター
■ **鈴木次郎**
（すずき・じろう）

> 南関東の細石刃石器群は大幅な資料増加により先土器時代終
> 末の比較的短期間に展開したものであることがわかってきた

1 細石核の特徴

この地方に広く分布する細石核は，次の2種類に大きく分類される。

野岳・休場型 鈴木忠司氏[1]によって提唱されたものであり，模式的に提示された細石核の製作工程は必ずしもあてはまらないものの，細石核の特徴が基本的に同じであることからこの名称でよぶことにしたい。安蒜政雄氏[2]の提唱する野岳型や矢出川型は，ともにこの細石核のバラエティのなかで理解される。

細石核の素材としては，板状剥片や礫を分割したもの，または部厚い剥片をそのまま用いており，形状は角柱状や角錐状など多様性にとむ。石材は，黒曜石をはじめ，珪岩・凝灰岩・水晶など多岐にわたっている。細石刃剥離作業面は，細石核の一端のみに設定されるのが一般的であり，全周にわたってみられるものは例外的である。打面は，調整打面が一般的で，なかでも細石刃剥離作業面と接する打面縁辺に著しい細部調整がみられる場合が多い。また，しばしば打面の転位や再生が行なわれ，打面角の補正をはかっている。

分布は，長野県矢出川遺跡[3]，鷹山遺跡[4]，静岡県休場遺跡[5]，神奈川県報恩寺遺跡[6]（図下段），上和田城山遺跡[7]，東京都下耕地遺跡[8]，新橋遺跡[9]，千葉県向原遺跡[10]，復山谷遺跡[11] など，ひじょうに多い。

船野型 橘昌信氏[12]や安蒜政雄氏[2]によって提唱されたもので，「海老山技法」[13]による細石核も同一のものと考えられる。

細石核の素材は，比較的大形の部厚い剥片を用いており，素材の主剥離面を加撃面として周囲全体に調整剥離を施して舟底状の石核原形が作られる。この手法は，いわゆるホロカ技法と共通するものであり，なかには，さらに下底面の稜上から調整剥離を行なっているものもある。石材は，黒曜石をほとんど用いず，珪岩・頁岩・凝灰岩・流紋岩などを用いている。細石刃剥離作業面は，石

核の一端または両端に位置し，打面調整はほとんど行なわれない。打面の転位・再生も行なわれず，打面角の補正は，細石刃剥離作業面全体を覆う大きな剥片を剥ぎとることによって行なっている。この細石核は，細石刃剥離作業が進行すると，両端の細石刃剥離作業面が連結し，形態的には野岳・休場型細石核と似てくる場合もある。

分布は，岐阜県海老山遺跡[13]，長野県矢出川遺跡，静岡県駿河小塚遺跡[14]，神奈川県上草柳遺跡第1地点[15]，下鶴間長堀（城ヶ岡）遺跡[15]（図上段），東京都狭山遺跡B地点[16]などにみられるほか，愛知・静岡両県を中心とした東海地方には多数の類例が知られている[13]。

関東地方には，これら2種類の細石核とは異なる別系統の細石核も少数ながら分布している。茨城県後野遺跡B地区[17]では，湧別技法をもつ札滑型細石核や荒屋型細石核がみられ，狭山遺跡B地点では，荒屋型細石核がみられる。また，千葉県白井第一遺跡[18]では，札滑型と思われる細石核とスキー状削片の接合資料がみられ，神奈川県月見野遺跡群上野遺跡[19]からは，両面調整石器の一側縁を長軸にそって剥離して打面とした，一見オショロッコ型細石核に類似するものが出土している。

2 細石刃石器群の石器組成

細石刃石器群の石器組成の中心となる石器は，もちろん細石刃そのものである。細石刃は，細石核より剥離された状態をそのままとどめるもの（完形）は少なく，大半の細石刃が2あるいは3分割に折断され，長さと形状を調節している。とくに，末端部は彎曲している場合が多く，こうした部分をとり去ることも折断の目的と思われる。

共伴石器としては，剥片の縁辺に加工を施した大小さまざまな削器がもっとも多く，ほかには，掻器・揉錐器・楔形石器・使用痕および加工痕ある剥片・礫器・敲石（ハンマー）などがある。なかでも，礫器は，神奈川県報恩寺遺跡では10点，栗原中丸遺跡[20]では40数点などとまとまっ

67

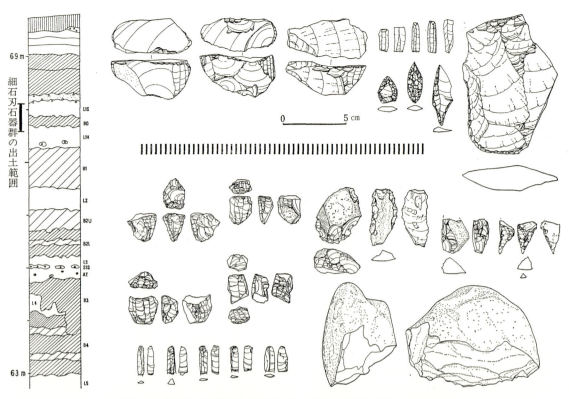

相模野台地の層位図と下鶴間長堀遺跡[15]（上段）・報恩寺遺跡[6]（下段）の細石刃石器群

て出土する場合があり，これらのなかには，道具としての礫器というより石核としての性格が強くうかがえるものもある。また，ナイフ形石器や槍先形尖頭器の共伴例もしばしば報告されている。これらの石器組成は，野岳・休場型，船野型という細石核の差をこえて基本的に共通している。

一方，細石核がまったく異なる後野遺跡B地区の石器群は，細石核・細石刃・荒屋型彫器・削器・尖頭削器・礫器より構成され，石器組成の点からも北海道・東北地方との関連がうかがえる。

3 細石刃石器群の推移

関東・中部南部地方では，北海道・東北の系統と考えられる一部の細石核をのぞくと，野岳・休場型と船野型の2種類の細石核がみられ，ともに同じ分布を示しているが，この両者は，どのような関係にあるのだろうか。野岳・休場型細石核を出土する遺跡はひじょうに多く，細石核が野岳・休場型のみで構成される例も多い。これに対し，船野型の類例はやや少なく，細石核が船野型のみで構成される遺跡は，駿河小塚遺跡があるだけである。そして，海老山遺跡や下鶴間長堀遺跡では，船野型を主体にして少数の野岳・休場型が加

わっており，矢出川遺跡，上草柳遺跡第1地点では，野岳・休場型を主体にして少数の船野型が伴っている。このように，細石核の型式差による構成比は遺跡によって多様なあり方を示している。

それでは，両石核の編年的な先後関係を検討してみよう。関東ローム層が厚く堆積し，石器群の層位的出土例にめぐまれている相模野台地では，これまで細石刃石器群の検出されている遺跡は十指におよんでいる。その出土層位は，いずれもL1SよりL1H上部にかけての層厚60～70cmの範囲に限られる（図左側柱状図）。細石核が野岳・休場型のみで構成される石器群としては，柏ヶ谷長ヲサ[21]（L1H上部），長後代官山[22]（L1H上部），上草柳第3地点[23]（B0下部），上和田城山Ⅱ（B0下部），報恩寺（B0上部），相模野 No. 149[24]（L1S下部），栗原中丸（L1S下部），上和田城山Ⅰ（L1S上部）があり，野岳・休場型と船野型によって構成される石器群としては，上草柳第1地点（B0上部）と下鶴間長堀（L1S下底）がある。（ ）内は，いずれも石器群の残された生活面と推定される層準であり，これらの出土層位からは，相模野台地では，野岳・休場型が細石刃石器群の初期より終末まで一貫してみられ，後半に

なって船野型が加わることがとらえられる。

船野型細石核は，東海地方をのぞいて野岳・休場型細石核に比べて著しく分布密度が低いことや，黒曜石をほとんど用いないという特性をもつことより，やはり東海地方を中心とした非黒曜石地帯で発展した細石刃製作技術とみられ，それが相模野台地や矢出川遺跡に派生したものと理解される。また，船野型細石核は，宮崎県船野遺跡をはじめとする東九州にも分布し，太平洋沿岸にそった広い分布圏を形成することが予想されるが，近畿・瀬戸内地方の様相が明確でなく即断できない。ちなみに，東九州も非黒曜石地帯とされる地域である。

次に，野岳・休場型細石核の推移をみてみよう。さきの相模野台地の石器群の出土層位より検討すると，柏ヶ谷長ヲサ，長後代官山，上草柳第3地点，上和田城山Ⅱといった下層（L1H上部～B0下部）に生活面をもつ石器群では，細石核のほとんどが黒曜石を石材としており，大きさも一辺が2cm前後の小形のものが多い。そして，細石核の大きさに対応するように，細石刃の幅が3～5mmと小さいことが特徴である。これに対し，報恩寺，相模野No.149，栗原中丸，上和田城山Ⅰなど，上層（B0上部～L1S）の石器群では，細石核・細石刃（幅4～9mm）とも大きく，石材も黒曜石に加えて細粒凝灰岩や珪岩など多岐にわたっている。正式な報告の行なわれた石器群がいまだ少ない現状では，各遺跡の細石核を詳細に比較検討することは困難であるが，今後，野岳・休場型細石核がさらに細分され，その推移をとらえることも可能と思われる。なお，石器組成のうえでは，層位差による違いはほとんどみとめられない。

4 細石刃石器群の位置づけ

筆者らは，相模野台地の先土器時代石器群を5期に編年区分している。このうち，第Ⅱ～Ⅳ期は，いずれもナイフ形石器を主体とする石器群からなり，その出土層位はB1より下層にある。そして，後続する第Ⅴ期には，槍先形尖頭器を主体とする石器群と細石刃を主体とする石器群がみられるが，前者がやや先行するようである。また，細石刃石器群に後続するものとして，槍先形尖頭器を主体にし削器・掻器・石斧などより構成される石器群がみられるが，これらの石器群は，しばしば土器を共伴しており，おしなべて縄文時代草

創期に位置づけられる可能性が強い。このように，この地方では，細石刃石器群は先土器時代終末の比較的短期間に展開した石器群である。

おわりに，本稿を執筆するにあたって，中村喜代重・相田　薫・上田　薫・砂田佳弘・堤　隆・大和市教育委員会・神奈川県立埋蔵文化財センターの諸氏・機関よりいろいろ御教示を賜わり，また未発表資料の使用など便宜をはかっていただいた。記してあつくお礼申し上げる。

註
1) 鈴木忠司「野岳遺跡の細石核と西南日本における細石刃文化」古代文化，23―8，1971
2) 安蒜政雄「日本の細石核」駿台史学，47，1979
3) 戸沢充則「矢出川遺跡」考古学集刊，2―3，1964
4) 宮坂英弌・宮坂虎二『蓼科』1966
5) 杉原荘介・小野真一「静岡県休場遺跡における細石器文化」考古学集刊，3―2，1965
6) 鈴木次郎・矢島國雄「神奈川県綾瀬市報恩寺遺跡の細石刃石器群」神奈川考古，6，1979
7) 中村喜代重・曽根博明『上和田城山』1979
8) 服部久美・矢島國雄「下耕地遺跡の調査」春日台・下耕地遺跡，1974
9) 織笠　昭「石器」新橋遺跡，1977
10) 千葉健三・高木博彦「向原遺跡」千葉ニュータウン埋蔵文化財調査報告書Ⅱ，1973
11) 鈴木定明「復山谷遺跡」千葉ニュータウン埋蔵文化財調査報告書Ⅵ，1978
12) 橘　昌信「九州地方の細石器文化」駿台史学，47，1979
13) 鈴木忠司「東海地方の細石刃文化について」日本古代学論集，1979
14) 小野真一・秋本真澄『駿河小塚』1972
15) 中村喜代重「一般国道246号大和・厚木バイパス地域内遺跡の調査」第4回神奈川県遺跡調査・研究発表会発表要旨，1980
16) 吉田　格ほか『狭山・六道山・浅間谷遺跡』1970
17) 後野遺跡調査団編『後野遺跡』1976
18) 鈴木定明「白井第一遺跡」千葉ニュータウン埋蔵文化財調査報告書Ⅵ，1978
19) 戸田哲也・曽根博明「大和市内における縄文草創期遺跡の調査」第6回神奈川県遺跡調査・研究発表会発表要旨，1982
20) 大上周三ほか「座間市栗原中丸遺跡の調査」第6回神奈川県遺跡調査・研究発表会発表要旨，1982
21) 中村氏の御教示にもとづく。
22) 上田　薫・砂田佳弘両氏の御教示および資料実見にもとづく。
23) 中村喜代重「国道246号大和バイパス地域・上草柳第3地点遺跡の調査」第5回神奈川県遺跡調査・研究発表会発表要旨，1981
24) 矢島國雄・鈴木次郎「相模野台地における先土器時代研究の現状」神奈川考古，1，1976

細石器（北海道地方）

札幌大学教授
■ 木村英明
（きむら・ひであき）

射的山技法やオショロッコ技法を含む北海道の細石器文化
は，北アジアと深く関連しつつも，独自的な発達を遂げた

石器にかかわる技術の研究を原材入手から製品
仕上げまでの「製作」の領域と仕上げられた製品
の「使用」の領域の二つのカテゴリーに分けると
細石器に関する従来の研究は，前者の研究に中心
が置かれてきた。その中で北海道での製作技術の
研究は，湧別技法の確認をはじめとして，この種の
研究の先駆的役割を果してきたと言える。当然な
がらそこで扱われてきた資料は，もっぱら細石刃
核とそれに関係する何種類かの調整剥片である。

一方ここで扱わねばならない細石器の"かたち
とはたらき"は，むしろ後者に属する課題である。
そしてその対象は，「使用」の主体である細石刃
である。というより，細石刃は複数の細石刃が木
製・骨角製などのフレームに嵌めこまれて使われ
るものと考えられており，できあがった道具全体
が理想である。しかしながら日本において細石刃
の着装された道具，もしくはフレームが発見され
たことはない。石器の多くは，道具の機能的中心
に位置し，"かたち"と"はたらき"に一定の対
応関係が存在しているのに対し，バラバラに発見
される細石刃は，まさに部品としての性格しかも
ちえず，"かたち"と"はたらき"との直接的な
対応を見いだすことは困難である。後者の研究が
進まない理由は，こうした難しさにある。ここで
は主題とはずれるが，北海道の細石器文化の歴史
的性格を理解するうえで欠かすことのできない細
石刃核の型式・技術的特徴を整理し，その後シベ
リアの資料を手がかりに，細石器の"はたらき"
について少しばかり思いをめぐらしてみたい。

1 細石刃核の型式と系統

北海道の細石刃核は，形態，および想定される
技術体系の相違から少なくとも白滝型・札滑型・
ホロカ型・峠下型・蘭越型・オショロッコ型・射
的山型・紅葉山型に分類される。

北海道における細石刃核とその特徴

白滝型（図1）：形状―舟底。技法―湧別技法。素材

一精製な尖頭器様両面加工石器。細石刃剥離面の位置と
形状―素材の短軸・クサビ形。打面―長軸方向の縦割り
による平坦打面。安定した打面が確保されるまでに素材
の縁辺を残す舟底状削片と何本かのスキー状削片を剥離
する。擦痕（出現頻度8割強）。打面再生―極めて稀。
細石刃剥離痕をもつ「打面再生削片」がごくわずかにみ
られるが，素材の縁辺からの加撃を原則とする。

札滑型（図2）：形状―舟底。技法―湧別技法。素材・
細石刃剥離面の位置と形状・打面形成・打面再生―白滝
型に同じ。特記―白滝型との相違は，擦痕がみられない
点と大型の素材が用いられている点である。白滝服部
台・置戸安住両遺跡出土の白滝型細石刃核51点の厚さ
（打面部分）平均が1.3cmであるのに対し，遠間H遺
跡の札滑型細石刃核6点のそれは3.1cmである。

ホロカ型：形状―舟底。技法―「ホロカ技法」。素材―
ぶ厚い剥片か半割された礫の主要剥離面を打面として周
辺調整される舟底状石器。細石刃剥離面の位置と形状―
素材の短軸・クサビ形。特記―鶴丸が型式設定[1]。札滑
型の中に打面形成後の打面から側縁調整を行なうホロカ
技法の特徴がみられ，両型式が自立的な存在であるのか
どうか，検討を要する。

峠下型（図3）：形状―舟底。技法―「峠下技法」。素
材―縦長の不整剥片か石刃で作られた主に片面加工の尖
頭器様石器。細石刃剥離面の位置と形状―素材の短軸・
クサビ形（概して短く，ネジれる）。打面―調整打面，
すなわち「側方連続剥離」（素材の主要剥離面側から行
なわれる細部調整）と細石刃剥離面からの大きく1回な
いし細かく数回行なわれる調整。

蘭越型（図6）：形状―舟底。技法―「蘭越技法」。素
材―半割した尖頭器様両面加工石器，もしくは細石刃剥
離面になる部分が厚く作られた半楕円・長楕円・短冊形
の両面加工石器。細石刃剥離面の位置と形状―素材の長
軸・クサビ形。打面―調整打面。1側縁からの「側方連
続剥離」と細石刃剥離面側からの調整。細石刃剥離面か
らの加撃で大きく打面を再生する。特記―細石刃核・打
面再生削片の形状は一見湧別技法のそれと類似するが，
形成・再生の方法によって区別される。

オショロッコ型（図4）：形状―舟底。技法―「オショ
ロッコ技法」。素材―精製で細長の両面体石器。細石刃剥
離面の位置と形状―短軸か斜軸・クサビ形。打面―「調
整打面」。概して小さい。主に1回の剥離で素材の先端
付近から側縁に沿って平坦面を作り，その後細部調整を
加える。再生あり。

射的山型（図7）：鶴丸の言う広郷型[1]。技法―「射的

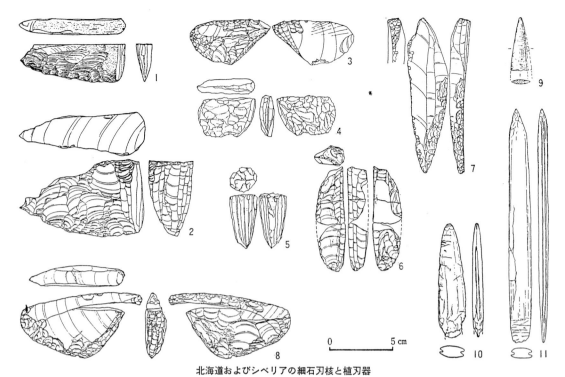

北海道およびシベリアの細石刃核と植刃器
1：白滝30地点[5]　2：白滝遠間H地点　3：白滝服部台2[6]　4：千歳メボシ川2[7]　5：置戸安住A地点[8]　6：赤井川都[9]
7：上川日東　8：ヴェルホレンスク山　9：ココレヴォI[3]　10：ヴェルホレンスク山　11：オシュルコヴォ

山技法」。素材―肉厚長大な石刃。細石刃剝離面の位置と形状―長軸か斜軸・「クサビ形」。打面―石刃を斜めに横切る「調整打面」。主要剝離面からの側方連続剝離で基本形を作り，その後細石刃剝離面側から細部調整を施す。細石刃剝離面からの加撃で打面を再生することがある。特記―従来多面体彫器とされてきたが，幅広長身の細石刃を安定的に量産できる優れた細石刃核である。未報告だが上川町日東遺跡でこの細石刃核6点（他に表採あり）と細石刃610余点がほぼ単純に出土している。

　紅葉山型（図5）：鶴丸の言う置戸型[1]。形状―円錐形ないし半円錐形。技法―「紅葉山技法」。打面―調整打面。

　ところで北海道の細石刃核に類似する資料が，北アジアに見られる。注意せねばならないのは，湧別技法による細石刃核が従来考えられていたほどに多くないことである。確かな例は，ヴェルホレンスク山（図8），クールラ遺跡のものをあげうるが，それとて単独には存在していない。むしろ蘭越技法による細石刃核が豊富で，広い広がりを示している。ココレヴォI，ノヴォセロヴォIV，ウスチ・カリンガ，ソスノヴゥイ・ボル，マカロヴォII，イカラル，オシュルコヴォ，ウシュキ等等である。また古期に属するクラスヌゥイ・ヤルの資料は，峠下型細石刃核にもっとも類似する。シベリアでの編年的関係は，峠下技法→湧別技法→蘭越技法→紅葉山技法という変遷を示している。この変遷は，北海道においても大局的には認められよう。ただし各技術が，時代を異にして単独で細石刃生産体系を担っていたと考えるのは正しくない。ところで北海道には「射的山技法」・「オショロッコ技法」[2]に代表されるようなシベリアにはみられない独特な技術型式を含んでおり，北海道の細石器文化が北アジアの展開と深く結びつきつつも，独自的発達を遂げたことは疑いない。

2　細石器の"はたらき"

　北海道の先土器石器群と深い関りをもつシベリアの旧・中石器時代の遺跡において，北海道では期待できない骨角製フレームに細石刃が嵌めこまれた尖頭器・ナイフ，あるいはそのフレーム（以下植刃器と総称する）が発見されている。管見の限り，タリツキー駅，ココレヴォI（図9）・同II・同III，アフォントヴァ山I・同II・同III，ビリューサII，タシュトゥイクII，ヴェルホレンスク山（図10），クールラI・同II，オシュルコヴォ（図11），マカロヴォIIの各遺跡があげられ，エニセイ川・アンガラ川流域に多い。そのうち細石刃を

遺存した確実な例は，タリツキー駅に1例（左右に計 10 点の細石刃が遺存），ココレヴォⅠに2例（両例とも片側にのみ植刃。1例は8点，図9は1点が遺存），アフォントヴァⅡに1例（2点が遺存），同Ⅲに1例（3点が遺存）ある。ウラルのタリツキー駅を除くと，植刃された細石刃は適当な長さに揃えられるのみで特別な加工はない。このシベリア的伝統は，北海道においても該当する。

植刃器の形状は，変化の乏しい類似した特徴を示しているが，先端が尖り，基部が着柄のために薄く扁平に作出されるタイプと，両端がいくらか丸味を帯びるタイプとに大別できる。前者の長さは 20 cm 以内で，7〜10・15〜18 cm 前後のものがある。後者はより大きいものを含んでおり，ココレヴォⅠの例では 32.5 cm を測るものがある。前者は尖頭器（刺突具），後者はナイフと考えてまちがいない。ナイフは片側に植刃されるが，尖頭器は，片側ないし両側に植刃される二種類がある。資料豊富なエニセイ川流域のココレヴォⅠではいずれもが片側タイプである。ビリューサⅡにおいても同様である。しかしヴェルホレンスク山などバイカル湖周辺の尖頭器は両側タイプであり，ヴェルホレンスク山タイプの鹿角製銛の有無とともに地域的差異が考えられる。なおエニセイ川流域においても両側タイプがわずかにみられる（ココレヴォⅡ・タシュトウィクⅡ）が，片側タイプより後出する傾向が窺える。ヴェルホレンスク山の小型のもの（図 10）には茎がみられる。またココレヴォⅠでは細石刃1個を残す片側タイプの先端部[3]（図9）が野牛の左肩甲骨に突き刺ったまま発見されている（口絵7参照）。この種の道具が強力な刺突具として機能したことを証明している。

さて最近藤本は，北海道の7遺跡で発見された細石刃の幅・厚さの計測値の分析，およびそれと刃部損傷部位との相関などを考察している[4]。細石刃を正面に裾えた数少ない貴重な研究である。それによると細石刃は，いくつかの仕事に対応するかのように幅 12 mm 前後，8 mm 前後，6〜7 mm，5 mm に集中し，その集中の傾向は，それぞれの遺跡で特色があるという。また右側縁と左側縁の加工の割合が細石刃の形状・材質の相違と対応しており，左・右両側縁が選択的に利用されていた可能性が強いという。とすれば，具体的機能はともかく，北海道においても細石刃から道具の様態に一歩接近しうることになる。

例えば広郷C区2層の細石刃は，左側縁に損傷のあるものが幅 5 mm を中心とする分布であるのに対し，右側縁に損傷のあるものが幅 5 mm と 6〜7 mm を中心とする二つの分布を示している。ここでは損傷ある幅 5 mm の細石刃が左右対をなす関係にあり，両側タイプの尖頭器の存在が想定される。この関係は，本沢・広郷 20 両遺跡においても読みとれる。一方紅葉山遺跡の幅 12 mm に集中する細石刃は，損傷がほぼ右側縁に限られ，左右対応する関係は認め難い。幅の広さを考慮すれば，片側に植刃されたナイフの存在が推定できる。詳細を述べる余裕はないが，中間幅の細石刃についてもいくつかの推定が可能である。

藤本の研究に基礎を置いた筆者の推論が成立するとすれば，北海道の細石器文化とシベリアのヴェルホレンスク山などバイカル湖周辺の旧・中石器文化との関連性は，湧別技法・荒屋型彫器の存在に，あらたに両側タイプの植刃尖頭器を加えて考察できるのである。もとよりこれは，ひとつのスケッチにすぎない。今後すべての遺跡の細石刃について分析する必要があるであろうし，現在少しずつ成果を収めつつある顕微鏡下での使用痕研究は欠かすことのできない作業である。

なおここでは言及しえなかったが解き明かせない北海道における細石刃生産技術の多様で複雑な関係は，道具の様式との関りあいで理解されるべきことがあるように思われる。

註
1) 鶴丸俊明「北海道地方の細石刃文化」駿台史学，47，1979
2) 中国虎頭梁に類似資料があり，将来関連が明らかにされる可能性はある。
3) Abramova, Z.A. "Zur Jagd im Jungpaläolithikum. Nach Beispielen des jungpaläolithischen Fundplatzes Kokorevo 1 in Siberian" Archäologisches Korrespondenzblatt, 12, 1982
4) 藤本 強「常呂川流域の細石刃」北海道考古学，18，1982
5) 吉崎昌一「北海道白滝村 Loc. 30 の石器群」考古学手帖，6，1959
6) 千葉英一ほか『服部台 2・近藤台 1 遺跡』1982
7) 田村俊之ほか『メボシ川 2 遺跡における考古学的調査』1983
8) 戸沢充則「北海道置戸安住遺跡の調査とその石器群」考古学集刊，3—3，1967
9) 木村英明「余市川・赤井川流域の先土器石器群について」北海道考古学，13，1978

●最近の発掘から

縄文草創期の住居址——東京都秋川市前田耕地遺跡

秋川市前田耕地遺跡調査会

前田耕地遺跡の調査は，住宅都市整備公団による住宅建設工事にともない，1976年から継続的に発掘調査を行なってきている。これまでの調査の結果，縄文時代草創期から江戸時代に至る各期の遺構・遺物が発見されている[1]。

とりわけ縄文時代草創期の文化層からは，これまでに5ヵ所の尖頭器を主体とする遺物集中地点を確認していたが，昨年，同様の石器群の製作址とともに住居址が検出され，同期の研究に良好な資料をもたらした。現在，その出土品の整理作業を続行中でもあることから，住居址と石器製作址の概要について紹介したい。

1　遺跡の位置と周辺遺跡

遺跡は多摩川の有数の支流である，秋川と平井川に挟まれた秋留台地の青柳・拝島両段丘相当面に跨って立地する。縄文時代草創期の遺構・遺物は青柳段丘相当面上から検出されるが，遺物集中地点の多くは，遺跡北西部の立川段丘相当面に接する湧水池の周辺から見出されている。

隣接する立川段丘相当面上には，本地域の盟主的な遺跡である二宮遺跡が所在し，当該期の土器と尖頭器が発見されている。多摩川を介した武蔵野台地の砂川沿いからも点々と尖頭器が採集されており[2]，さらにその源流である狭山池に隣接する狭山B地点遺跡からも同様の尖頭器群が出土している[3]。

2　土層々序とその問題

現在，本遺跡一帯は南東方向に緩かに傾斜する平坦地となっている。しかし下層の段丘礫層面は起伏に富み，遺跡の北西から南東方向に延びる支谷状の礫洲の凹地が認められる。この支谷最奥部の北岸から，縄文時代草創期の住居址と石器製作址が検出された。調査区付近の土層々序の概要は，以下の通りである。

第Ⅰフラッド層：粒径2〜15cmの円礫ないし亜円礫を主体とする礫（砂岩・粘板岩・チャートなど）と砂が互層をなす礫質層。青柳段丘礫層に相当する礫層であり，インブリケーションの測定結果から，当時の秋川と多摩川の合流点付近であることが確認されている。本来この上層には立川ローム層の最上部（青柳ローム層）が被覆するが，本遺跡では礫洲の凹地の一部から同ローム層

が発見されたに留まった。一方，礫洲の高まった箇所は土壌化の進行がみられ，黒色を呈する岩相の表面から尖頭器を主体とする石器群が検出されている。

第Ⅱフラッド層：細粒均質の黄色砂層で，段丘面の形成が一応完了した後，低位面に移行した河流の氾濫水位が本段丘面にまでおよび，堆積させた砂層と思われる。本砂層は土壌化が進行しない間に，第Ⅲフラッド層によって覆われてしまっていることから，本層の形成期間は極めて短期間であったことが推測される。また，包含される尖頭器においても，第Ⅰフラッド上面から出土したものとの間に型式差がないことからも，本層の堆積が非常に短期間に進行したことが首肯される。

第Ⅲフラッド層：地表出水などの小規模なフラッドにより形成された再積層で，粗礫を含む黒色土層が発達する。第Ⅰフラッドが残した礫洲の凹凸は本層にも影響をおよぼしており，礫洲の高まった箇所には乾性土壌が発達し，凹みには湿性土壌が形成され，縄文時代前期以降，現在に至るまでの人間活動を制約している。

上記の3回のフラッドを経て，現在の段丘地形が完成されているが，本遺跡付近は縄文時代草創期頃，当時の多摩川・秋川から完全に離水していない河原に近い状態であったことが窺える。本遺跡とほぼ同時代の新潟県本ノ木・中林両遺跡においても，段丘礫層を覆う黄色砂層中より土器・尖頭器群が出土していることから[4]，当時の人々が類似した地形環境の地を選地しており興味がもたれる。また，本遺跡の礫洲の凹地から，第Ⅱフラッド層に覆われたピート層が検出され，現在，花粉分析と大型植物遺体の分析を依頼している。

3　遺構と遺物

検出された2棟の住居址は，上述した第Ⅱフラッドにより形成された黄色砂層の上面から確認された。住居址は大型植物遺体を含むピート層が堆積する支谷状の凹地より，約150cm高い平坦面から3mほどを隔てて発見された。

1棟は8個の人頭大の円礫を，住居址の外周に沿って弧状に配している。その内側からは，多量の尖頭器・フレイクとともに，焼礫を含む200個前後の礫が出土した。柱穴・炉址などの施設は検出されなかったが，住居址の規模は直径約3.3m程度の不正円形を呈するプラン

73

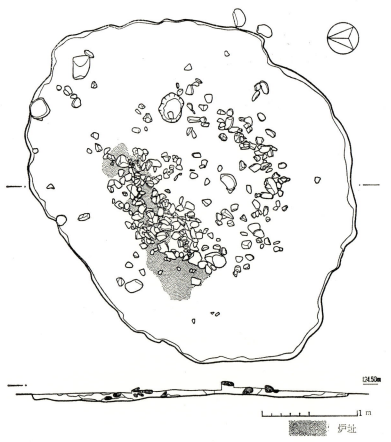

縄文時代草創期の竪穴住居址

であったと思われる。

　いま1棟は10cm前後掘り込み，黄色砂層中に床面を設けている。平面プランは不正円形を呈し，長径4.2m，短径3.1mを測る。住居址内の北寄りの箇所に，掘り込みをもたない，長さ180cm，幅40cmの炉址が設けられていた。炉を数度移し変えた結果，このような長大な炉になったものと思われる。なお，明確な柱穴は検出されなかった。覆土中からは尖頭器207点（うち未完成品32点）スクレイパー類10点とともに，配石をもつ住居址と同様に，焼礫を含む礫が出土した。これらの石器群とともに，2個体分の土器片が出土した。小片であることから，その器形は不明であるが，多量の繊維状の混入物を含む無文土器と思われる。また，覆土の一部に多量の骨片を含む黄色砂層が，住居址の壁際と中心部に堆積する黒色の覆土層に挟まれてリング状に検出された。現在，出土した骨片の詳しい鑑定を依頼しているが，陸上哺乳動物の骨片とともに，サケ科の魚骨（鉤状に曲がった顎歯）が多量に検出されたことは，縄文時代の初期の段階からすでに，産卵遡河性のサケ・マス類を捕獲していたことを裏付ける貴重な資料となった。

　一方，住居址外からの出土遺物については，水洗作業を継続中でもあり，また黄色砂層と段丘礫層上面からの出土品の分離作業を行なっていないことから，現在までに判明している両層からの出土遺物の数量を掲げておきたい。尖頭器が約1,100点，削器27点，搔器18点，ノッチド・スクレイパー21点，礫器11点とともに，10万点を越すフレイクおよびチップ類が出土している。これらの遺物の多くは，2棟の住居址周辺とその東側から発見された台石周辺から出土した。石材にはチャート・シルト・ホルンフェルスが最も多く利用されているが，黒耀石と良質の頁岩もわずかに用いられている。

　尖頭器の90％以上は欠損しており，とくに製作途中で折れてしまったものが多く，さらにフレイクの接合資料も尖頭器の製作工程を示すことから，住居址周辺および下層の礫層上面の遺物集中地点を，当時の石器製作址と見做し得る。

4　今後の課題

　今回，文化・自然環境が大きく変動したとされる縄文時代草創期の住居址および石器製作址とともに，当時の動植物の遺体が検出されたことは大きな成果であった。今後，これらの詳細なデータを作成する一方，本遺跡内の他の遺物集中地点との関係，石材供給地の追求，さらに本地点が石器製作の場として選地された所以などの問題を明らかにしてゆかねばならないと考えている。

（文責・宮崎　博）

註
1）秋川市教育委員会『前田耕地 I』1977
　　同　　　　　　　『前田耕地 II』1979
　　同　　　　　　　『前田耕地 III』1981
2）宮崎　紲「砂川発見の石槍について」立川市史研究，1，1965
　　同　　「砂川発見の石槍について（補遺）」立川市史研究，10，1969
3）瑞穂町教育委員会『狭山・六道山・浅間谷遺跡』1970
4）芹沢長介・中山淳子「新潟県津南町本ノ木遺跡調査予報」越佐研究，12，1957
　　芹沢長介「新潟県中林遺跡における有舌尖頭器の研究」日本文化研究所報告，2，1966

●最近の発掘から

飛鳥時代の回廊建物——奈良県桜井市山田寺跡

川越俊一 奈良国立文化財研究所

奈良県桜井市大字山田にある山田寺は，飛鳥盆地を西に見降ろす丘陵の裾部に位置し，『上宮聖徳法王帝説』裏書（以下『帝説』裏書と略す）によれば，蘇我倉山田石川麻呂の発願により舒明朝から天武朝にかけて建立された寺院である。また，同寺は白鳳美術を代表する興福寺仏頭の故地あるいは蘇我倉山田石川麻呂の悲劇の舞台としてもつとに著名である。

奈良国立文化財研究所では，昭和51年以来3次にわたり，中門，塔，金堂，講堂，西回廊，北回廊など寺院中枢部についての発掘調査を実施してきており，塔，金堂，講堂の平面規模を明らかにするとともに多くの成果を収めてきた。そのうち，遺構について主要なものを簡単に述べると次のようになる。①伽藍配置は回廊が塔，金堂のみを囲むもので，回廊が講堂にとりつく四天王寺式伽藍配置とは異なること。②金堂の平面形は身舎と廂の柱が同数となる特異なもので，そこから復原される建物構造は法隆寺の玉虫厨子の建築構造に近いこと。③金堂と回廊にはわが国の古代寺院では類をみない蓮華座礎石が使用されていること。④『帝説』裏書に記載された堂塔の建立過程を発掘調査からも裏付けることができることなどである。

第4次調査では，これまでの調査成果をふまえながら，回廊の東西規模と寺域東限とを明らかにすることを目的として，昭和57年8月から昭和58年1月まで発掘調査を実施した。調査区は，金堂の東に設けた北区（東西50m，南北6～12m）と塔の東に設けた南区（東西6m，南北7m）であり，調査面積は約600m²である。ここでは，東回廊の遺構，建物について報告する。

1 東回廊の遺構

北区で3間分（東北隅から数えて6・7・8間目），南区で1.5間分（同15・16間目）の東回廊をほぼ従来の推定位置に検出したが，東回廊の遺構については北区の調査結果をもとに概述する。

北区では回廊基壇上に，柱・頭貫・巻斗などの建築部材とともに多量の瓦が一部ずり落ちた状態を示しながら部厚く堆積していた。この瓦堆積をとりあげた後の地表下1.3mにある基壇上には，花崗岩製の礎石が6個，東側基壇縁には花崗岩自然石を立て並べた縁石が，各々原位置を保って遺存していた。この結果，東回廊は土間床

の単廊で，柱間は梁行1間が3.78m（高麗尺で10.5尺），桁行3間も同じく3.78m等間となることが判明した。調査区の関係で基壇縁は東側のみの検出に止まったが，東側柱列心から東基壇縁石外面までは1.3mあるので，基壇幅は約6.4mに復原でき，基壇高は礎石上面までで約60cmである。

礎石のうち西側柱列の礎石は一辺65cm前後の方座の上に，単弁12弁の蓮華文を側面に半肉彫りし，その上面に圏線を巡らした蓮華座を造り出したものである。一方，東側柱列の礎石では礎石の北と南に地覆座が造り出されているために，蓮華文と圏線は一周せず半円状のまま地覆座の方向へ納められている。このように，東側柱列の礎石のみに地覆座を造り出していることや，その6間目の礎石間に榛原石の切石からなる地覆石を据え，その上に腰壁を受ける地覆が遺存していることからも，回廊の内側（西側）は開放され，外側（東側）は南区で明らかになったような連子窓などの柱間装置を伴っていたことがわかる。

基壇は，花崗岩風化土である地山をある程度整地した後に，版築工法でもって完成されている。そして，礎石は基壇築成中に掘った据え付け穴の中に根固め石を使用せずに据えられたものである。

2 東回廊の建物

南区は北区で判明した東回廊の柱間を確定する目的で設定した小調査区である。調査の結果，東回廊の桁行全柱間が3.78m等間で割付けられていることを確認し，所期の目的を達したのであるが，それにもまして，回廊建物そのものを検出するという予想外の成果を収めた。南区では，北区よりやや少なめの瓦堆積を取り除くと，その下に建築部材が現われ始めた。そして，それらの部材は，東回廊の15・16間目の東側柱列建物が，多少の乱れを見せながらも，ほぼ組み合った状態のまま基壇上（西側）に倒壊したことを示しているものと判明した。

部材には，柱，地覆，腰壁束，腰長押，連子窓（連子子，窓枠），方立，頭貫，巻斗があり，このほかに壁木舞を入れ白土で上塗りした腰壁，小脇壁，斗栱間小壁なども遺存している。礎石や礎石間に入る地覆は原位置にあり，それより上部が倒壊したものであるが，15間目と16間目では若干様相が異なっている。15間目は窓枠

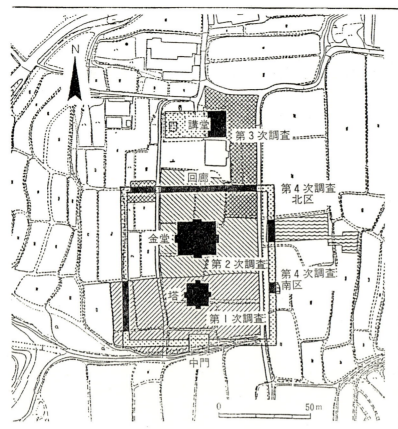

山田寺調査地位置図 (1:2,000)

の中に20本の連子子が差し込まれたままの状態で残り，建立時の原形を保っていると考えられるのに対して，16間目では，連子子はなく，その部分は土壁に改造されている。その改造の時期や改造が16間目の1間分だけであったのかなどの点は今後の問題として残される。

彩色については，検出面では確認できなかったが，基壇面に密着していた柱，方立，巻斗の一部には赤色顔料が鮮やかに残っていた。屋根に葺かれた瓦の灰黒色，白壁，主要木部に塗られていた赤，そしておそらく連子子に塗られていたであろう青を思いおこすと，色彩的にも応時の姿を彷彿させるものがある。

なお，部材の樹種は，柱2本が楠であるほかはほとんどが檜である。また，巻斗以外の組物材，垂木などの構架材，屋根材は出土していない。これらの部材は，西側柱列の部材を含めて，調査区の西方にその遺存が予想されるので，今後の調査を計画している。

3 まとめ

先の調査では西回廊が後世に削平されていたため，回廊の東西規模は不明であったが，今回，東回廊を検出したことにより回廊の東西規模が判明した。北回廊では伽藍中軸線上に柱位置のあることが判明しているので，そこを基点とすると，東回廊までは11間となり，東西22間に復原できる。柱間寸法は，中軸線をはさんだ各1間は桁行 4.32m，その他は 3.78m 等間であるので，回廊の東西幅は外々寸法で84.24mとなる。寺域の東限については，北区東半部でも塀や土壙を検出するとともに，瓦も多量に出土しているので，北区東半部も当然寺域内であったと推定される。伽藍中軸線から北区東端までは約 87m あるので，寺域の東限をあえて限定すれば，伽藍中軸線からあるいは1町のところにあったものかもしれない。

回廊の建立時期については，出土遺物から確定することはできなかったが，現存最古の木造寺院建築とされる法隆寺西院回廊よりは古く，金堂建立時（『帝説』裏書によれば643年）からほど遠からぬ時期と推定している。その根拠としては，回廊礎石は金堂と同様に蓮華座礎石であり，使用礎石のうえで両者に共通性が認められること，山田寺建立の基準尺には高麗尺と唐尺の二種類が使用された可能性が強いが，回廊と金堂に高麗尺が使用され，両者は基準尺のうえでも共通していること，そして，わが国最初の本格的寺院である飛鳥寺では金堂（仏堂）と回廊（歩廊）が同時に建立されていることなどがあげられる。一方，回廊倒壊時期については，出土土器から10世紀末と推定しており，回廊は塔や金堂が焼失する12世紀後半よりも約200年早く倒壊し，その後，再建されることなく短期間に埋没したものであろう。

最後に山田寺東回廊建物を法隆寺西院回廊建物と比較すると，両回廊とも単廊であり，柱間寸法，柱に認められるエンタシスの存在，束を2本たてて腰壁を三等分することなどの共通点が認められる。しかし，山田寺回廊は法隆寺西院回廊と比較して全体に太い材を使用しており，建物の高さが低い割に腰壁が高く，したがって連子窓部分も小さいという特徴をあげることができる。このような点から山田寺は法隆寺西院の建築様式とはやや異なった建築様式のもとに建立された可能性が強い。それがどのような系統であったかについての解明は今後の研究課題である。

なお，第4次調査の概報として，奈良国立文化財研究所編『飛鳥・藤原宮発掘調査概報』13，1983・4，建築学的な立場からまとめたものに，細見啓三「山田寺回廊の発掘」『月刊文化財』235号，1983・4がある。

秋川市前田耕地遺跡
縄文時代草創期の住居址と石器製作址

竪穴住居址と検出状態（右下）

配石をもつ住居址

前田耕地遺跡から縄文時代草創期の住居址と尖頭器を主体とする石器製作址が検出され、約1万年前当時、多摩川と秋川の合流地点付近の礫洲のやや高い場所で生活を営んでいたことが判明した。またサケ科の顎歯が多量に発見されている。

写真提供／秋川市前田耕地遺跡調査会

黄色砂層中の遺物出土状態

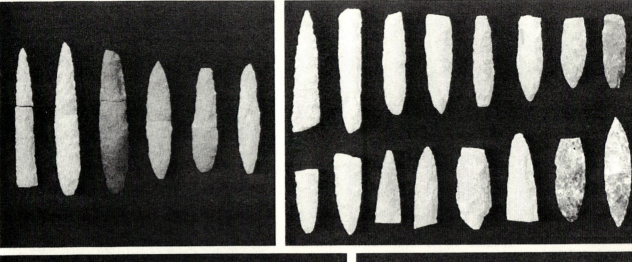

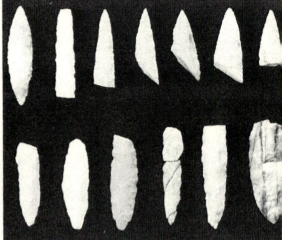

秋川市前田耕地遺跡

住居址内出土遺物　左下：スクレイパーと土器、左上：長さ11cm
住居址外出土の石器　右下3点：尖頭器未製品

調査地全景(東から)

桜井市山田寺跡
回廊建物が原形のまま発見された

蘇我倉山田石川麻呂が建てたとされる奈良県桜井市山田の山田寺では、昭和51年以来、奈良国立文化財研究所による発掘調査が進められているが、最近の第4次調査で東回廊の建物そのものが検出されるという予想外の成果をおさめた。

構成／川越俊一　　写真提供／奈良国立文化財研究所

南区東回廊建物出土状態(東から)　柱の最大径は38cm、連子窓の内法寸法は縦1.17m、横2.56mである。手前の地覆上には瓦が落下した状態で残る。

桜井市山田寺跡

北区回廊全景（南東から）
東側柱列礎石の両端には地覆座が造り出されている。右は基壇東縁石

北区回廊上の瓦堆積（北から）
3間分から約1,000枚の瓦が出土

回廊所用瓦　軒丸瓦外径16.5cm

回廊東側柱列の蓮華座礎石（東から）　方座上辺65cm

連載講座
古墳時代史
4. 5世紀の地域勢力(1)

県立橿原考古学研究所研究部長
石野博信
（いしの・ひろのぶ）

5世紀は，「巨大古墳の世紀」と言われ，大山古墳（「仁徳天皇陵」）をはじめとする超大型古墳が築造された時期である。まさに前方後円墳の時代の盛期である。しかし，盛期の中に各種の変革が進行していたことは前章でみたとおりである。本章では，変革を通じての各地域勢力のあり方を2回にわたって検討してみたい。

従来，古墳時代の地域勢力を考える場合，各地域の大型古墳を中心として畿内政権とのかかわり方を検討する方向で進められてきた。確かに大型古墳は，ある時期，それぞれの地域を代表する勢力であったことは確かであろう。そして，畿内政権とのかかわり方が，時の地域政権にとって政権維持のための重要な要素であったことも一面の事実であろう。しかし，5世紀の畿内政権は，律令国家ほどの支配体制はとり得ていないのであり，日本列島を東西に奔走して政権拡張をはかることを必要とした時代である。言いかえれば，各地域に強い独自性をもった政権が存在し，地域政権相互に連携を保っていたことも十分に考えられるのである。

このような意味で，本章では各地域の大型古墳と畿内政権との関係は問わず，できれば大型古墳を無視して，中・小型古墳のあり方から地域勢力の態様を考えてみたい。例えば，5世紀には長持形石棺が王者の棺として登場する。しかし，各地域の王の多くが長持形石棺を採用しているわけではない。長持形石棺の採用が，畿内政権との密接の度合いをはかる尺度とされているが，それは，同様の意味をもたせられている墳形としての前方後円墳ほど波及していない。つまり，各地域の埋葬施設の相違を検討することによって，地域勢力の独自性の度合と合従連衡を推定しうるのではな

いか，と考えた。副葬品の組合せ・配置は，地域性が強いと考えられるが，各地域を比較しうるほどの確実な調査例が少ないため参考にとどめることとした。

以下，日本列島を西から東へ，地域性の強い埋葬施設を抽出してみよう。

● 地域性の強い埋葬施設 ●

（1） 地下式板石積石室—南九州西部

地下式板石積石室は，径1〜3m余の円形墓壙（まれには長方形墓壙がある）を掘り，墓壙壁に沿って板石を立て並べ，遺体をおさめ，副葬品とともに土を埋め，板石で合掌形に覆う葬法である。古くは弥生時代の鹿児島県堂前遺跡[1]や，長崎県松原遺跡[2]にはじまる。分布の中心は，熊本県南部と鹿児島県北部であり，高塚古墳，とくに前方後円墳の分布地域にはない。

地下式板石積石室は，弥生時代以来の系譜をひく地域色の強い葬法であり，5世紀代を通じて特定地域に営まれており，6世紀に及ぶ。石室内径は1.5m以下のものが多く屈葬が想定されること，遺体安置後土で室内を充塡すること（おそらく棺は使用していない――「石室」と呼称しているが，室空間はない[3]），副葬品は屍床に納置せず埋土とともに入れること，など高塚古墳の葬法とは明らかに異なっている。しかし，副葬品は海岸部の地下式板石積石室は比較的豊富であり，鹿児島県出水市溝下遺跡[4]のように短甲・冑・矛など，高塚古墳と遜色ないものがある。

地下式板石積石室を構築した人々は，高塚古墳を受容しなかった。短甲などの副葬品をもっている点からみて，高塚古墳を造営できなかったのではなく，受容しようとはしなかった地域勢力の存

図10 地下式板石積石室
鹿児島県吉松町永山遺跡

在を想定することができる。

(2) 地下式横穴[5]──南九州東部

地下式横穴は、径1m余の竪坑を掘り、坑底から横に羨道・墓室を掘りこむ。横穴を地下に掘る、まさに地下式横穴であり、横穴内に箱形石棺などを置く例もある。古い段階には、墓室の天井を家形につくり、屍床をもつものがある。はじまりは、宮崎県六野原地下式横穴群にみられるように5世紀前半であり、6・7世紀に継続する。分布の中心は、宮崎県南部であり、鹿児島県北部・東部に拡がっている。宮崎県西都原古墳群や鹿児島県唐仁古墳群などの高塚古墳地帯と重複し、横穴式石室や横穴とは境界地域での重複を除き、分布地域を異にする。

地下式横穴の副葬品は、高塚古墳と同等かそれ以上の豊富さを示している。例えば、宮崎県六野原6号墓では、鏡・刀剣・玉類・鉄矛・鉄斧・鉄鏃・馬鍬と短甲・衝角付冑など[6]があり、全体としてみても、鏡・玉と武器・武具類をもっている。

地下式横穴は、埋葬施設の形態としては極めて

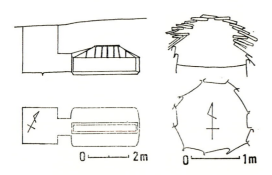

図11 南九州の地下式古墳 右:地下式板石積石室(鹿児島県大住1号) 左:地下式横穴(宮崎県六野原2号)(『日本の考古学』IVより)

強い個性をもち、分布地域も旧日向国(大隅地方を含む)に集中する特性をもちながら、高塚古墳──前方後円墳と共存し、副葬品では拮抗している。地下式横穴には、本来径3m、高さ1m程度の盛土が地上標識として存在したらしいが、広大な土地を占有する大型古墳とは異なり、墓によって地上に権威を象徴しようとする意図はない。しかし、豊富な副葬品をもつ点では、現世での権威は高塚古墳と対等であったと考えるべきであろう。このことは、西都原古墳群において、高塚古墳と地下式横穴が重複していない──地下式横穴が尊重されていることや、副葬品の中に蛇行剣を多くもつという独自性(全国15例のうち6例)[7]などからも知ることができる。蛇行剣については、「南九州経略の手だとして、大和政権が辺地族長へ授受した畏怖支配の象徴」[8]とされているが、近畿地方には4例(大阪府七観古墳、同富木車塚古墳、和歌山県寺内63号墳、兵庫県亀山古墳)しかなく、しかも中・小古墳に限られている。むしろ、蛇行剣という非実用的な剣を葬送祭祀に使用する風習は日向地域のものであり、近畿の類例は日向文化の拡散と考えることも可能であろう。

地下式横穴の出自は明らかではないが、少なくとも5世紀中葉以降、高塚古墳と拮抗して日向地域に盛行した墓制であり、地域勢力の独自性を示すものである。

(3) 竪穴系横口式石室──北部九州

竪穴系横口式石室とは、基本的には「割石小口積みの竪穴式石室に簡単な横口部を設けた構造」[9]である。簡単に言えば、竪穴式石室を横穴式石室に改造した初期のもの、と考えることができる。竪穴系横口式石室の最初のものは福岡市老司古墳で、5世紀初頭であり、同系石室は6世紀前半まで継続する。老司古墳は、「全長90mの前方後円墳であり、福岡平野では最大規模をほこる。後円部に3基、前方部に1基の計4基の石室が構築されて」おり、「各石室とも豊富な副葬遺物が出土して」いる。3号石室は、「玄室長3.2m、高さ1.4m。周壁は扁平割石を小口積みするが、南側小口壁の中央は床面から0.5mのところを開口部とし、階段状の構造を設けている。いわば小口壁面を凸字形に外方に突出させた形状であり、その左右側壁は横穴式石室の袖部に類する構造といえる。その突出した小口壁端の上部から、長さ9m、幅2mの墓道が前方部に向かってのびてい

る」[10]。他の3石室もほぼ同様である。

　竪穴系横口式石室は，「老司古墳以降，特に北部九州で発達し，――5世紀中葉から後半には東九州の南部を除いてほぼ全九州の各地に出現し，さらに5世紀後半～6世紀前半にかけて山口・広島・岡山・鳥取の中国地方や四国・畿内の一部にまで，構造上類似する石室が分布するようになる」[11]。

　竪穴系横口式石室は，老司古墳において地域最大の前方後円墳の埋葬施設として出現する。その後も，福岡県石人山古墳（全長110 m――八女市）や同勝浦14号墳（全長97 m――宗像市）のような各地域の最大級の前方後円墳の埋葬施設として継続し，福岡県前原町釜塚古墳（径56 m）や佐賀県玉島古墳（径40 m）のような大型円墳にも採用されている。つまり，竪穴系横口式石室は，墳形を問わず，5世紀の北部九州における主要な埋葬施設であった。

　前方後円墳が大和政権の承認を得てはじめて築造しうるものであるとしても，5世紀の北部九州では埋葬施設によって強烈に自己主張を行なっていることがわかる。自己主張は，大地域の首長層も小地域の首長層も同様であった。それが，畿内系の横穴式石室に変容するのは「磐井の叛乱」を契機とする6世紀前半～中葉であるらしい[9]。それ以前における山陽・山陰・近畿などへの竪穴系横口式石室の拡散は，北部九州系「造墓集団の介在」があってはじめて可能なことである。「造墓集団の介在とは，新たな造墓にあたって，当該地に派遣という形態をとることになるのであろう。すなわち，こうした関係は造墓集団を介して，彼らを包括する首長と当該地首長との，何らかの交渉をもとに行なわれたと推測される」[10]（1103頁）。「九州の竪穴系横口式石室と直接的な系譜関係を辿りうる」山口県朝田1区2号墳，岡山県三輪山6号墳，愛媛県東宮山古墳，奈良県ムネサカ4号墳，三重県おじょか古墳などは，5世紀後半～6世紀前半における北部九州首長層――筑肥政権による拠点的進展を示すものであろう。

（4）肥後型横穴式石室――熊本

　肥後型横穴式石室とは，「矩形，方形の平面形玄室に短い羨道を連接し，玄室周壁の下部には一―板石をめぐらし，さらにその内部に区画した屍床を配する形態的特徴をしめす」[11]（465頁）。「その成立は5世紀の第3四半期，そして終末は6世紀第1・2四半期の交わり頃」である。

　分布の中心は，熊本県中央沿岸部であり，一部福岡県に及び，点的に岡山県千足古墳がある。肥

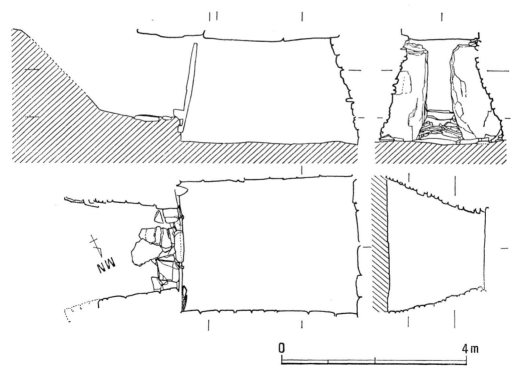

図12　竪穴系横口式石室　福岡県釜塚古墳（柳沢一男論文註9）より）

後型横穴式石室は，「百済漢域期のⅢ類を祖型とし」，「特定豪族のもとで渡来した造墓集団によって開始された」のであろう。

肥後型横穴式石室は，5世紀後半〜6世紀前半における熊本県の主流となる埋葬施設であり，装飾が施される。竪穴系横口式石室にくらべると九州以東への伝播力は小さい。

（5） 横穴

横穴は，6世紀には全国的に分布し，地域によっては主流となる埋葬施設である。近年，福岡県竹並遺跡と大分県上ノ原遺跡群で5世紀後半の横穴が検出され，先行する北部九州の竪穴系横口式石室や南九州の地下式横穴との関連で，その出自が検討されるようになった[12]。初期横穴墓は単葬墓であり，墓道が墓室より高いタイプ（竹並遺跡）と墓道が墓室より低いタイプ（上ノ原遺跡）がある。

その系譜については，今後類例の増加をまって検討されねばならないが，少なくとも豊前南部（福岡県東南部と大分県北部）における5世紀後半の埋葬施設として出現し，6世紀前半には各地に拡まったことが考えられる。

（6） 箱形石棺

箱形石棺は，弥生時代以来古代に及ぶ埋葬施設であり，その分布も汎日本的である。因みに『日本の考古学』古墳時代上（河出書房，1966）によって5世紀と思われる箱形石棺を抽出すると，比較的多い地域はつぎの3ヵ所である。

（A） 北九州東部・中国西部・四国北部，（B）山陰・北陸，（C） 関東東北部・東北南部

A地域は，古墳時代前期には箱形石棺は前方後円墳の埋葬施設でもあった（豊前赤塚古墳など）が，5世紀にはその伝統のゆえに継続して使用されているものの，もはや大型古墳の埋葬施設ではなく，中・小型古墳のものであった。初期横穴式石室に持ち込まれている箱形石棺を別にすれば，副葬品もさほど豊かではない。広島県の瀬戸内沿岸部の古墳では，前方後円墳の副次的埋葬施設か小型円墳に使用されている。

ただし，山口県赤妻古墳では1基の箱形石棺から，衝角付冑・肩鎧・短甲・鉄刀・鉾・巴形銅器・斧・鏃などの出土が伝えられており，円墳ではあるが，伝統的優勢者の埋葬施設として継続しているらしい。

B地域の全体の傾向はA地域とさほど変らな

い。ただ，鳥取県古郡家1号墳のように前方後円墳（全長90m）の中心的埋葬施設であったり，比較的大型の円墳の中心主体として採用されている。広島県山間部を山陰として考えれば，ここでは小型前方後円墳の中心主体として採用されている。鳥取県では，6世紀になると箱形石棺が前方後円墳の中心埋葬施設となるものがいくつかあり，5世紀の箱形石棺のあり方は，4世紀から5・6世紀へと継続する山陰在地勢力のあり方を垣間みせているのかもしれない。

同様のことは，石川県狐山古墳（前方後円墳，全長56m）の中心主体となり，神獣鏡・衝角付冑・短甲・刀剣・鉾・槍などをもつことによって，北陸では5世紀の首長墓の埋葬施設となっていることから，より鮮明に示されている。

C地域でも箱形石棺が大型古墳の中心主体になることはない。ただ，東京都田園調布古墳群の等々力大塚は，径66mの大型円墳で箱形石棺を中心主体とし，甲冑・刀剣・玉類と多くの石製模造品を副葬していた。茨城県では，6世紀になると箱形石棺が大型前方後円墳の埋葬施設として登場する。三昧塚古墳（全長85m）や玉里舟塚古墳（全長72m）がその好例である。これらの古墳は，現段階では6世紀初頭，6世紀前半とそれぞれ考えられているが，関東古墳実年代観が再検討されたときには，5世紀代に入る可能性がありうる。つまり，関東の5世紀代の前方後円墳には，畿内系と言われている粘土槨をもつ古墳とともに箱形石棺を埋葬施設とし，金銅製透彫冠などの異色の副葬品をもつ古墳（三昧塚）が併行する可能性が考えられる。

（7） 箱形木棺

箱形木棺は，箱形石棺同様弥生時代以来の埋葬施設であり，普遍的な形態である。両者の差異は材質だけであって，本質的には同じ意義をもつのではないかと思われる。箱形木棺が各地域において他の埋葬施設と比較して，どのように位置づけできるのかは未だ明らかではない。一例として，奈良県新沢千塚古墳群の場合をみてみよう。

新沢千塚古墳群は，5世紀後半〜6世紀前半を盛期とする初期群集墳であり，粘土槨と箱形木棺が主な埋葬施設である。豊富な副葬品は粘土槨に多いが，166号墳（5世紀後半）のように横矧板革綴短甲や尖根式鉄鏃をもつもののほか，刀1本，鉄斧1本程度の副葬はままみうけられる。新

表 5 舟 形 石 棺 一 覧 表

番号	古墳名	所在地	墳形	墳丘規模	副葬品							時期	備考
					鏡	玉	刀剣	甲冑	鏃	農工具	その他		
1	唐仁大塚	鹿児島県肝属郡	前方後円	130 m				○					
2	院 塚	熊本県玉名郡	前方後円	78									
3	大 塚	鹿本郡	円									前4期	長持と共存
4	臼 塚	大分県臼杵市	前方後円	75	○	○	○		○		石人（短甲2）		石棺2
5	七ツ森A	竹田市	前方後円		○	○	○				石 剣	前4期	
6	島 田 塚	佐賀県唐津市	前方後円	30	○	○	○				金銅冠		横穴式石室
7	熊 本 山	佐賀市	円		○	○	○	○					
8	石 神 山	福岡県三池郡	前方後円	26	○						石 人		石棺3
9	赤 妻	山口県山口市	円		○								箱形石棺2と共存
10	小 山	岡山県赤磐郡	前方後円	60									阿蘇石
11	蓮華寺所在	愛媛県松山市											阿蘇石
12	赤 山	香川県大川郡	前方後円	50	○								副葬品は一部
13	岩崎山4号	大川郡	前方後円	50	○	○	○			○	車輪石，石剣，貝剣，銅鏃		竪穴式石室
14	長 崎	高松市	前方後円	63			○		○				
15	丸山石船	高松市	前方後円										
16	石 船 塚	高松市	前方後円	58									竪穴式石室1，割竹2，鷲の山石
17	遠 藤 山	善通寺市	前方後円										鷲の山石
18	青 塚	観音寺市	前方後円	43									阿蘇石 竪穴式石室2
19	室本丸山	観音寺市	円	25			○		○				阿蘇石
20	快 天 山	綾歌郡	前方後円	100									石棺3，鷲の山石
21	竹矢岩船	島根県松江市	前方後円	50									
22	玉造築山	八束郡	円	15	○								
23	荘原岩船	簸川郡	前方後円	55									
24	安 福 寺	大阪府柏原市											鷲の山石
25	一 本 松	福泉町										4世紀	
26	茶 臼 山	京都府綴喜郡	前方後円	50			○		○		石剣，金箔片		竪穴式石室内，九州的舟形（阿蘇石）
27	蛭 子 山	与謝郡	前方後円	145	○		○		○	○			
28	小 山 谷	福井県福井市	円		○						鍬形石，車輪石，石剣		
29	足羽山山頂	福井市	円	60	○？	○							竪穴式石室，副葬品は一部
30	八幡山西谷	福井市	円		○	○				○	鉾		
31	宝 石 山		円	20			○		○	○	鉾，櫛	前4期	
32	春 日 山	吉田郡	円	20			○				鉾，馬具		横穴式石室，石棺は横口式
33	泰遠寺山	吉田郡	前方後円	100	○							前4期	
34	二本松山	吉田郡	前方後円	75	○	○	○	○			金銅冠	前4期	石棺2
35	石 船 山	吉田郡	前方後円	80									
36	平 塚	群馬県高崎市	前方後円	105				○	○				
37	小 鶴 巻	群馬郡	前方後円	80									
38	二 子 山	群馬郡	前方後円	86	○		○			○	槍，石製模造品		石棺2
39	薬 師 塚	群馬郡	前方後円	70							金銅馬具		
40	保渡田八幡塚	群馬郡	前方後円	78							馬具，石製模造品		
41	愛 宕 塚	群馬郡	前方後円	92	○						馬具，金環		竪穴式石室
42	天 神 山	藤岡市	円			○	○		○				
43	間 の 山	伊勢崎市	円			○	○			○	馬具，鉾		
44	高塚1号	福島県双葉郡	円	17			○			○			
45	高塚2号	双葉郡	円	10			○			○			
46	長町二塚	宮城県仙台市	前方後円	33			○				石製模造品		

※ 本表はつぎの各書により作成した。『日本の考古学Ⅳ』河出書房，1966，斎藤 優『松岡古墳群』福井県松岡町教育委員会，1979，藤田憲司「讃岐の石棺」倉敷考古館研究集報，12，1976

沢千塚古墳群は，古市，百舌鳥古墳群と等しく，当時の最先端の武器類をもち[13]，そこに箱形木棺が，主たる埋葬施設の一つとして存在し，かつ一支群の首長[14]（166号墳）の埋葬施設として採用されている事実を重視すれば，箱形木棺被葬者の階層と系譜に新たな視点を見出すことになる。

近年，箱形木棺で棺槨二重構造をもつ例が知られてきた（神戸市養田東遺跡）。箱形石棺の棺槨二重構造例は，前方後円墳の中心主体となっている（茨城県舟塚古墳）。石川県では6世紀に，箱形木棺のまわりを粘土で被覆した「箱形粘土棺」が在地性の強い葬法として登場し，前方後円墳の中心主体となっているものもある（島蓑輪塚古墳[15]）。ことによると，箱形木棺は，5・6世紀の政権中枢とは異なったレベルの重要な埋葬施設の一つであるのかもしれない。

（8）　舟形石棺

舟形石棺は割竹形石棺を祖形とし，割竹形石棺は割竹形木棺を祖形としていると言われている。しかし，割竹形木棺が古墳時代前・中期の首長層の棺として瀬戸内沿岸を中心に広い分布をもつのに対し，割竹形石棺は10例未満で極めて少なく，舟形石棺は畿内にはほとんど存在しない。

典型的な割竹形石棺は，大阪府安福寺所在棺など1，2の例だけであって，本質的には割竹形石棺と舟形石棺は同類であろう。

舟形石棺は，表5のとおり40基余知られており，割竹形石棺を合わせても50基余である。仮りに100基余であったとしても5世紀の汎日本的な棺形態とは言えない。それでも舟形石棺には，分布密度の比較的高い地域がつぎのとおり認められる。

A　北部九州・四国北部
B　山陰・北陸西部
C　関東北部・東北南部

北部九州の5古墳は，1基を除いて前方後円墳の埋葬施設であると同時に，うち2基は九州独得の石人と結びついている。

瀬戸内では香川県の9例がきわだっている。割竹形石棺を加えれば11例で福井県と並び，その多くは前方後円墳の埋葬施設である。棺材は現地の鷲の山石は当然としても，阿蘇石を含むのは示唆的である。それは，岡山県の数少ない舟形石棺である小山古墳棺と九州系の舟形石棺に近い形態をもつ造山古墳所在の刳抜式長持形石棺が，と

もに阿蘇石であることと軌を一にしている。A地域の舟形石棺が，阿蘇の石工と関連をもっていることを示している。

B地域では，福井県の8例が顕著である。B地域の中でも島根県と京都府の4例は前方後円墳の埋葬施設であるが，福井県の場合は円墳と結びついているものが多い。しかし，A地域と共通する要素がないわけではない。福井市小山谷棺，岡山県鶴山丸山棺，福岡県石人山棺などにみられる棺蓋上面の円形文様が鏡を象徴したものであるとすれば，葬送に際し棺上に鏡を納置する風習をもつ地域として共通している。このような風習は畿内にはない。

関東では，群馬県の8例が密度が高い。その多くは前方後円墳と結びつき，8例中3例から甲冑が出土しているが，とくに武器類と密接な関連があるか否かは明らかでない。

舟形石棺の分布にはかたよりがある。西日本では畿内・山陽に少なく，東日本では東海・中部と群馬県以外の関東に認められない。分布の中心は3地域で，香川県・福井県と群馬県である。5世紀において，長持形石棺がより上位で，舟形石棺がより下位の棺形態であるという想定は成り立ちうるであろう。しかし，そのことによって，舟形石棺が畿内政権から各地の（より下位の）首長層に容認された棺形態だとは考えられない。その理由の一つは，分布状況が偏在的であることにある。加えて，舟形石棺の属性の一つである石枕を造り付けるという風習が畿内にはきわめて少ないことや，西日本各地に点在する阿蘇石の舟形石棺や割竹形石棺が当該古墳被葬者による阿蘇石地帯の支配を通じて入手したものではなく，阿蘇石工を管掌する北部九州首長層との連携によって入手したことなどがある[16]。むしろ，畿内政権とは別の，西日本連合勢力の存在が予測しうるのではないだろうか。このことと関連して，舟形石棺A・B・C3地域と箱形石棺A・B・C3地域がほぼ対応することは興味深い[17]。

（註は次号掲載）

考古学と周辺科学　4

形 質 人 類 学

形質人類学は考古学的成果をふ
まえ，古人骨の時代考証と，環
境の復元を通してより深く骨の
形態を理解しなければならない

産業医科大学医学部助手　平 本 嘉 助
　　　　　　　　（ひらもと・よしすけ）

はじめに

　古人骨を対象とした形質人類学的な研究を行な
う場合，基礎となるのは性別，年齢，そして人種
のはっきりした現代人骨の資料である。ヒトの骨
格は約 200 個あまりの骨からなり，各骨の形態
は骨の形状についてばかりでなく，計量化した長
さ，幅，厚みなどについて調べる。現代人骨の形
態学的研究の成果を古人骨のそれと比較すること
によって骨の形態の変化が明らかとなり，現代人
へと変化して来た道程である小進化の方向を明ら
かにすることができる。

　数千年または数百年前の日本に生活を営んでい
た人々の身体形質について知ることは興味あるこ
とであり，それは古人骨の形態の研究によっては
じめて可能となる。その研究の手始めとして，ま
ず古人骨の発掘・収集を行なわなければならな
い。古人骨はかつての墓地であった場所を発掘調
査することによって収集される。墓地は，各時代
の人々の生活の一側面を示す所でもあり，その発
掘調査は考古学による協力がなければ不可能であ
る。人骨の形態のみから出土人骨の年代を正確に
決定することは不可能であるから，人骨に伴う出
土遺物の考古学的研究による時代考証がなけれ
ば，その人骨の価値は半減してしまうであろう。
また人骨の形態を理解するためにも，人骨の生前
の時代の生活環境ないし生活様式を把握すること
は重要なことである。それはヒトがそれぞれの時
代の生活環境の中で生きており，人体と環境とが
相互に影響し合っているからである。

　古文書などによって考証される時代はさておき，
それ以前の時代についてはすべての資料が土中に
埋蔵されている。その埋蔵されている人骨ないし

物質文化を掘り出しそれらのもっている情報をで
きるだけ詳細に研究していかなければならないで
あろう。

古人骨の研究史

　日本における古人骨の形態に関する研究は，古
くはモースに遡る（山口，1982）[1]。モース は明治
10 年，大森貝塚の発掘調査を 行ない，その 際出
土した縄文土器，貝，そして 人骨の 調査結果を
1882 年に報告している。その著書は日本での 学
術論文第一号となっている（寺田，1980）[2]。大森
貝塚の発掘調査にもとづくモースの調査報告以後，
石器時代の貝塚の発掘調査がさかんに行なわれる
ようになったが，日本人による古人骨に関する初
期の研究としては小金井（1890）[3] による「本邦貝
塚ヨリ出タル人骨ニ就テ」があげられる。後年，
小金井は「日本石器時代人骨の研究概要」を発表
し，日本石器時代人骨の形態についての知見をま
とめている。まず頭蓋骨の形態的特徴は，脳頭蓋
の長いこと，額の低い傾斜，眉間・眉弓の発達が
よいこと，そして，前頭鼻骨縫合部における深い
陥凹などである。四肢骨のそれについては，上腕
骨骨幹の扁平性，三角筋粗面・橈骨神経溝の顕著
な形態，大腿骨の柱状性，脛骨骨幹の扁平性など
を挙げている。これらの特徴から石器時代人骨は
アイヌ人（1888 年，1889 年に小金井は北海道に旅行
してアイヌの生体計測および骨格の収集に基づき，ア
イヌ人形質について 1894 年に発表した）[4] に類似し
ていることを述べており，日本の石器時代人はア
イヌの祖先であると説いた。そしてアジア大陸か
ら移住した弥生時代人以降の人々とは分けて考え
ている。

　1920 年の津雲貝塚の発掘に 始まる 清野謙次の

研究は日本の形質人類学研究史の重要な部分を占めると言えよう。清野とその門下生によって手掛けられた石器時代人骨は津雲貝塚を始めとして，亀山貝塚，稲荷山貝塚，吉胡貝塚，太田貝塚など約700体あまりの人骨からなる。その研究成果はR. Martin の骨の計測方法に基づき，『人類学雑誌』に主に発表された。さらに個々の人骨の原計測値をも同時に公表しており，この資料は今日にいたっても多く利用されている。後年，清野は「古代人骨の計測をもとにした日本人種の生成過程の考研」[5] および「日本貝塚の研究」[6] を公けにし，研究の集大成を行なっている。清野らによるその古人骨計測値の研究方法は石器時代人間ないし現代人種間との比較においてボアトニウスキーの型差を使用し，多項目による数値を1変量に換算する手法によっている。原計測値の公表とともに，今日の統計学技法の発達の現状から見て先見の明とも言えよう。その研究成果から，清野は日本の石器時代人が隣接する人種の影響をうけて現代日本人に変わって来たとしている。

長谷部言人による石器時代人骨の研究は清野と対照的な面で注目されよう。長谷部は古人骨の収集も行なったが，清野ほど大量ではない。むしろその人類学的研究の幅の広さと深い洞察に特徴があり，「各時代の生活と骨の比較研究」という表現の上に要約される（長谷部，1949）[7]。日本人の成因については，更新世にアジア大陸から渡来した人々が，その後生活文化の進歩とともに徐々に現代人へ向かって形態を変化させてきたのであろうと考えた。

長谷部以降，鈴木尚は精力的に関東地方を中心として各時代の古人骨の調査収集を行なった。これらの資料に基づいて鈴木は，沖縄の更新世人骨（Suzuki and Hanihara, 1982）[8] から現代人まで日本人の形態における時代的変化の連続性を示し，文化環境による自己家畜化現象として形態が変化していることを論証したのである（鈴木，1963，1969，1971，1983）[9,10,11,12]。

一方金関丈夫は西日本を中心とする弥生時代および古墳時代における渡来集団と石器時代人の混血による遺伝的影響を重視する観点から，急激な人骨の形態変化を説明している。

今日，池田（1983）[13]，山口（1982）らは混血による影響を重視し，その説を進展させている。一方，現代日本人頭蓋骨の多変量解析の結果から，

埴原（1983）[14] は渡来集団の影響の度合には地域によって差があったと推定している。

なお，古人骨に関する文献については池田（1981，1982）[15] が 1945 年から 1979 年までに公けにされたものをまとめている。

頭蓋骨と四肢骨

骨の形態に関する研究のうち，とくに頭蓋骨については頭骨学（Craniology）として成立しているほどであり，その研究成果は数多く公表されている。

頭蓋骨は脳を保護する脳頭蓋と，視覚・嗅覚などの知覚器と消化器としての機能を有する咀嚼器などからなる顔面頭蓋によって構成される重要な部分である。その形態は多様な機能を有することから，複雑な構造になっている。体を支持し運動する機能を有する四肢骨とは対照的に，その頭蓋骨は生命維持に欠くことのできない部分であると同時に，その形態の変化に対して保守的な傾向をもつものと考えられる。しかし，その保守的な傾向をもつ形態であっても，長い時間的経過において比較した場合，徐々にではあるが変化している。例えば脳頭蓋の長径と幅径の比率である頭蓋長幅示数は時代的に変化していることが明らかにされている（鈴木，1969）。しかし脳頭蓋の容量を示す頭蓋モドウルス（脳頭蓋の3主径，頭蓋最大長，頭蓋最大幅そしてバジオン・ブレグマ高の和の1/3の値）は時代的に変化することなく，この示数は一定していることが示されている（鈴木，1969）。

他方，四肢骨は体を支え，運ぶための運動器として発達して来ている。哺乳類においては四足歩行を基本としているが，ヒトにおいては直立二足歩行に適応した形態として下肢が形成され，上肢は歩行から開放されて自由となり，ヒト独自の活動を可能とさせる形態をとるようになって来ている。

形態の時代的変化の研究において現代および過去の完全同一個体の骨標本から，頭蓋骨と四肢骨の変化の度合を論じた研究はない。標本の保存の面からも，そのような研究はかなり困難である。しかし頭蓋骨と四肢骨で変化の方向や度合に違いがあったとしても不思議ではないであろう。それらの多次元的変化の傾向はそれぞれの時代の生活様式または文化環境の影響を反映するものであると考えられる。

大腿骨の時代的変化

頭蓋骨形態の時代的変化についての研究成果は池田 (1982)[13]，小片 (1981)[16]，鈴木 (1963, 1969, 1971, 1983)[9,10,11,12]，山口 (1982)[1] らによって論究されているのでそれらを参照されたい。

ここでは四肢骨のうち，下肢の大腿骨について，最大長および骨幹中央断面示数の時代的な変化について述べる。日本の縄文時代から現代までの各時代のそれらの平均値を表に示した。

最大長に関しては現代人男性の平均値は九州地方人の 405 mm から関東地方人の 412 mm までの変異があり，女性では北陸・関東地方人の 373 mm から畿内地方人の 383 mm までの幅がある。各地域の平均値間の幅は男性より女性の方が大きい。江戸時代人の大腿骨の報告例は少ないが，江戸の浄心寺・雲光院集団と無縁坂集団との間では男性ではさほど差がなく，女性では約 10 mm の差がある。九州地方の牛深市桑島の大腿骨の最大長は男性において江戸の 2 集団と差がない。女性においては 5 例の平均値であるが，江戸の 2 集団とで 17 から 27mm の差がある。男女の地域間の差

は男性より女性の方が大きいわけである。関東地方の室町時代から古墳時代までの平均値は時代を遡るにしたがい大きくなる傾向がある。しかし，鎌倉時代人女性の 374 mm は 5 例に基づく平均値で，値としては室町時代人のそれより小さい。恐らくこれは例数が少ない結果であり，本来は男性と同じ傾向をもつものと思われる。城 (1938)[17] による古墳時代人の報告は男女ともに 1 例ではあるが，標本は西日本に由来するもので，関東地方の同時代人男性よりかなり大きな値を示している。弥生時代人については九州・山口地方出土の例に基づく数値であるが，関東地方の縄文時代人より男性で大きな値を示している。しかし同古墳時代人よりは小さい。三津遺跡の女性は関東地方の古墳時代人よりも大きな値を示しているが，例数はわずか 2 例である。縄文時代人に関しては多くの報告資料からえたものと筆者によって計測されたものを加えての結果である。縄文時代人男性は九州地方人の 425 mm から中部地方人の 412 mm までの幅がある。この幅は現代人の地域間の幅よりも大きい。女性においても中国地方人の 381 mm から東北地方人の 400 mm までの幅があ

表 1 右大腿骨最大長

時 代	地 域		例数	男性 平均値 (mm)	標準偏差	例数	女性 平均値 (mm)	標準偏差
現 代	与論島	（平田，1958)[20]	22	406.95	14.74	10	378.90	19.02
	九 州	（阿部，1955)[21]	62	405.68	18.20	13	379.76	22.15
	中部九州	（浄住ほか，1960)[22]	45	411.00	—	39	380.64	—
	畿 内	（田幡・平井，1925)[23]	30	413.50	23.63	20	382.3	19.84
	北 陸	（砂田，1931)[24]	30	410.67	20.53	25	373.68	19.97
	中 部	(Takahashi, 1975)[25]	85	409.56	19.84	76	380.72	19.91
	関 東	（大場，1950)[26]	81	412.07	19.64	88	381.80	17.98
	関 東	（平本，1972)[27]	43	407.7	24.95	43	373.6	19.45
	アイヌ	（小金井，1893)[4]	38	407.8	28.80	22	382.4	16.56
江 戸	浄心寺・雲光院	(Hiramoto, 1979)[28]	44	412.2	16.1	19	371.9	17.4
	無縁坂	（加藤，1960)[29]	24	415.08	—	7	381.40	—
	牛深市桑島	（立志，1970)[30]	10	412.18	18.42	5	398.48	21.52
室 町	関 東	（平本，1972)[27]	26	412.6	19.08	17	382.1	17.03
鎌 倉	関 東	（平本，1972)[27]	17	421.5	17.46	5	374.4	14.66
古 墳	関 東	（平本，1972)[27]	22	437.9	22.07	9	403.0	22.13
	西日本	（城，1931)[17]	1	444.0	—	1	384.0	—
弥 生	三 津	（牛島，1954)[31]	7	429.14	11.42	2	406.50	—
	土井ケ浜	（財津，1956)[32]	12	431.5	21.7	14	399.5	21.85
縄 文	九 州		6	425.2	23.85	6	396.8	27.65
	中 国		19	417.7	19.32	23	381.4	13.37
	中 部		41	412.6	14.32	30	385.0	19.95
	関 東		15	417.1	16.85	14	388.1	15.04
	東 北		26	422.9	15.48	12	400.6	16.59

表 2 右大腿骨骨幹中央断面示数

時 代	地 域		男 性			女 性		
		例数	平 均 値 (mm)	標準偏差	例数	平 均 値 (mm)	標準偏差	
現 代	与論島 （平田, 1958）	23	104.23	6.92	12	103.24	7.09	
	九 州 （阿部, 1955）	61	105.78	7.78	13	101.14	7.12	
	中部九州 （浄住ほか, 1960）	45	109.61	—	39	104.17	—	
	畿 内 （田幡・平井, 1925）	30	107.80	8.47	20	101.4	10.31	
	北 陸 （砂田, 1931）	30	101.24	8.71	25	100.47	8.12	
	中 部 （Takahashi, 1973）	85	104.83	10.30	76	105.45	10.00	
	関 東 （大場, 1950）	81	105.40	8.55	88	107.32	8.78	
	関 東 （平本, 1972）	42	103.8	9.91	43	104.0	9.06	
	アイヌ （小金井, 1893）	45	104.8	9.01	26	101.2	10.65	
江 戸	浄心寺・雲光院 （Hiramoto, 1979）	44	100.03	10.26	19	101.09	9.09	
	無縁坂 （加藤, 1960）	24	—	—	7	107.09	—	
	牛深市桑島 （立志, 1969）	14	107.09	11.05	7	107.13	8.75	
室 町	関 東 （平本, 1972）	26	104.4	9.71	18	98.2	9.79	
鎌 倉	関 東 （平本, 1972）	19	100.2	6.29	5	95.8	8.50	
古 墳	関 東 （平本, 1972）	22	105.7	10.10	7	96.7	7.89	
	西日本 （城, 1931）	27	102.3	9.52	18	101.9	6.70	
弥 生	三 津 （牛島, 1954）	13	105.91	9.61	13	101.45	6.06	
	土井ヶ浜 （財津, 1956）	55	109.8	9.22	33	102.8	8.30	
縄 文	九 州	17	117.9	7.62	14	110.3	12.42	
	中 国	21	113.9	8.08	34	104.7	8.11	
	中 部	82	116.6	9.38	72	107.3	6.86	
	関 東	47	116.3	8.76	35	110.4	6.19	
	東 北	8	125.7	9.01	4	104.4	—	

り，現代人に見られる地域間の幅をこす大きさである。

骨幹中央断面示数において現代人男性の平均値は北陸地方人の 100 から中部九州地方人の 109 までの幅がある。女性においては北陸地方人の 100 から関東地方人の 107 までの幅がある。この骨幹中央断面示数は大腿骨の骨幹中央部における前後径を横径で割った示数であるから，示数値が 100 というのは前後径と横径が等しいことを意味する。現代人のこの示数の値は北陸地方人を除いて，各地方集団とも前後径が横径よりもやや長いことを示している。江戸時代人男性は 100 から 107 まで，女性は 101 から 107 までの値を示している。その 2 集団間の差は現代人における各地域間の差と変わりがない。関東地方における室町時代から古墳時代までの値は男性で 100 から 105 までの値を示し，鎌倉時代人が前後径と横径が等しいほかは前後径がやや長い傾向を示す。女性においては 95.8 から 98.2 までの値を示し，各時代人とも前後径より横径の方がやや大きい。他方，西日本の古墳時代人（城, 1938）は男性で 102.3，女性で 101.9 を示し，関東地方の古墳時

代人より男性で小さく，女性で大きい傾向を示している。弥生時代人における三津・土井ヶ浜集団は西日本の古墳時代人より男性で大きく，女性で差のない値を示している。縄文時代人男性の示数は各時代を通じて一番大きく，113.9 から 125.7 までの値を示し，著しく前後径が大きい値で柱状性を示している。しかし女性においては 104.4 から 110.4 までの値を示し，中国・中部地方集団では現代人と比較して差がない。男性と比較して女性は一般に柱状性が弱いものと考えられる。

頭蓋骨の計測値 22 項目を使用して山口 (1982) はペンローズの形態距離から現代日本人地域集団間の差と縄文時代人集団間の差との比較をおこなった結果，縄文時代人の地域差は現代人のそれに比べてとくに違いがないと述べている。ここでは単に大腿骨の最大長および骨幹中央断面示数の 2 項目の単変量による比較を行なったにすぎないが，この結果では現代人の各集団間の差以上のひらきが縄文時代人の各集団間に認められる。

古人骨からえられる資料は現代人のそれに比べ整備されたものとは言えないし，例数も少ない。今後この例数の増加とともに各地域集団の同時代

的な比較に基づいて時代差・地域差を検討してい
かなければならないであろう。

む　す　び

　頭蓋骨の研究はその形態の複雑さと重要性と相
まって数多く公表されている。とくにその小進化
に関する形質人類学的研究については多年にわた
って論議されている。しかし，頭蓋骨と比較し
て，四肢骨に関する研究は少なく，まだ資料の整
備も十分なされていないのが現状である。

　ヒトの体を構成する骨は数多くあり，その一つ
一つの骨の形態も時代的に変化し，また地域集団
間で変異がある。今日，情報を処理する計算機は
日進月歩の進展をとげており，統計技法も多変量
をあつかえるようになっている。これらの技術を
使用して，頭蓋骨だけでなく，同一個体の各骨の
情報を処理することによって，今日まで個々の骨
を単独にあつかって来た小進化の道すじをより精
度を高くして考察できるのではないかと思われ
る。それにもまして，考古学的成果をふまえ，古
人骨の時代考証とその時代の生活環境の復元を通
してより深く骨の形態を理解しなければならない
であろう。

　現在日本の各地で発掘調査がさかんに行なわれ
ているが，できるだけ多くの情報をうるためにも
発掘が念入りに行なわれなければならないであろ
う。最後に，発掘に際しての人骨の出土は，日本
の酸性土壌の性質からもろく取り扱いが難しいも
のである。この人骨の取り扱いについては，高山
(1981)[18]，Ubelaker (1978)[19] などが詳細な事項に
わたって説明しているので参考とされたい。

註

1) 山口　敏「縄文人骨」縄文文化の研究，1，雄山
閣，1982

2) 寺田和夫『日本の人類学』思索社，1980

3) 小金井良精「本邦貝塚ヨリ出タル人骨ニ就テ」東
京人類学会雑誌，6，1890

4) Koganei, Y.: Beiträge zur physischen Anthro-
pologie der Ainu. Mitteil. med. Fac. Univ.
Tokio 2, 1894

5) 清野謙次『古代人骨の研究に基づく日本人種論』
岩波書店，1949

6) 清野謙次『日本貝塚の研究』岩波書店，1969

7) 長谷部言人『日本民族の成立』新日本史講座，1，
中央公論社，1949

8) Suzuki, H., and Hanihara, K.: The Mina-
togawa Man, Univ. Tokyo Press, 1982

9) 鈴木　尚『日本人の骨』岩波書店，1963

10) Suzuki, H.: Microevolution changes in the
Japanese population from the prehistoric age to
the present-day. J. Fac. Sci. Univ. Tokyo (V)
3, 1969

11) 鈴木　尚『化石サルから日本人まで』岩波書店，
1971

12) 鈴木　尚『骨から見た日本人のルーツ』岩波書店，
1983

13) 池田次郎『日本人の起源』講談社，1983

14) 埴原和郎「現代日本人の成立」サイエンス，1，
1983

15) 池田次郎「日本の古人骨に関する文献 1・2・3・
4」人類学雑誌，89・90，1981・1982

16) 小片　保『日本人 I』人類学講座，5，雄山閣，
1981

17) 城　一郎「古墳時代日本人人骨の人類学的研究」
人類学輯報，1，1938

18) 高山　博「遺跡において古人骨をどう扱うか」考
古学ジャーナル，197，1981

19) Ubelakar, D.H.: Human Skeletal Remain.
Taraxacum, 1978

20) 平田和生「鹿児島県大島郡与論島島民の下肢骨の
研究」人類学研究，5，1958

21) 阿部英世「現代九州人大腿骨の人類学的研究」人
類学研究，2，1955

22) 浄住瑞雄ほか「九州日本人大腿骨に就いての人類
学的研究」熊本医学会雑誌，34，1960

23) 平井　隆・田幡丈夫「現代日本人人骨の人類学的
研究」人類学雑誌，43-1，1925

24) 砂田外治「北陸日本人下肢骨ノ人類学的研究」金
沢医科大学解剖学教室業績，2，1931

25) Takahashi, Y.: Anthropological studies on the
femur of the recent Japanese. J. Anthrop. Soci.
Nippon, 83, 1975

26) 大場信次「関東地方人大腿骨の人類学的研究」東
京慈恵会医科大学解剖学教室業績集，3，1950

27) 平本嘉助「縄文時代から現代に至る関東地方人身
長の時代的変化」人類学雑誌，80，1972

28) Hiramoto, Y.: Osteometric studies on the
femur of the Japanese of middle to late Edo-
period from Fukagawa, Tokyo. Bull. Nat. Sci.
Mus. D 5, 1979

29) 加藤守男「江戸時代人大腿骨の人類学的研究」解
剖学雑誌，35，1960

30) 立志悟朗「熊本県牛深市桑島出土の江戸時代人下
肢骨の人類学的研究」熊本医学会雑誌，44，1970

31) 牛島陽一「佐賀県東背振村三津遺跡出土弥生式時
代人骨の人類学的研究」人類学研究，1，1954

32) 財津博之「山口県土井ケ浜遺跡発掘弥生前期人骨
の四肢長骨に就て」人類学研究，3，1956

書評

福山敏男著

寺院建築の研究
―福山敏男著作集 1～3―

中央公論美術出版
A5判 346～378頁
各 6,500円

　堅実かつ博引旁証をもって鳴る建築史学者・福山敏男博士の著作集第I期として『寺院建築の研究』（上・中・下の3巻構成）が出版された。

　建築史の権威として知られる博士は，また金石文に対する鋭い観察と重厚秀逸な見解を公けにされ，関連学界とくに日本古代史学界に令名を博していることは周知のところであり，すでに『日本建築史の研究』(1943)『日本建築史研究』(1968)『日本建築史研究―続編』(1971)と題する3冊の論文集を出版され，学界に膾炙するところ多大であった。

　この度の著作集は，博士が喜寿を迎えられた1982年より83年にかけて，その第I期分として刊行されたものであり，既刊の3論文集に収録された諸論文に続く珠玉の論文を網羅したものである。

　博士が建築史のなかでも，もっとも力を傾注されたのは神社建築についてであるが，日本の仏教文化に関心をもつわれわれにとっては，それ以上に仏教建築に関する研究を瞠目してきたところである。

　「寺院建築の研究」と題する第I期分の内容は次の通りである。

　＜上＞ 初期の四天王寺，四天王寺伽藍の歴史と金堂の復原，法隆寺金堂の装飾文様，薬師寺の規模，薬師寺の歴史と建築，興福寺金堂の弥勒浄土像とその源流，当麻寺の歴史，般若寺の創立に関する疑問

　＜中＞ 東大寺の創立，東大寺伽藍の成立，東大寺大仏殿の第一期形態，東大寺大仏殿院，東大寺法華堂の建立，奈良朝に於ける写経所に関する研究，戒壇と土塔，頭塔の造立年代，創立期の法華寺，唐招提寺金堂の建立年代，石山寺・保良宮と良弁，石山寺の創立，栄山寺の創立と八角堂，栄山寺の歴史

　＜下＞ 初期天台真言寺院の建築（延暦寺・東寺と西寺・神護寺・金剛峯寺・醍醐寺・室生寺），東寺講堂図帳，清水寺本堂，神護寺承平実録帳と神護寺諸堂記，観心寺の創立，仁和寺の創立，下醍醐の伽藍と三宝院の建築，法性寺の位置，法成寺の古瓦，九体阿弥陀堂，白河院と法勝寺，円勝寺の歴史の概要，中尊寺金色堂の性格，平泉千手院の鉄樹，棟札考，光明峯寺の歴史，東福寺月下門，達磨寺の研究，東本願寺の建築，総索引

　以上のごとく本著作集に収録された仏教建築についての論文は 41 編を算える。

　これは，近く刊行予定の第II期の3巻―「神社建築の研究」(4)「住宅建築の研究」(5)「中国建築と金石文の研究」(6)に収録される47編の論文とあわせて，「福山史学」と称される博士の業績を体系的に学ぶことができることになった。

　第2次大戦の終結直後に刊行された『奈良朝寺院の研究』(1948)は，近年になって待望の覆刻がなされたが，そこにおいて博士が展開せられた各寺院に対する考証は，文献史料にもとづくものであり，古代寺院研究の基本文献として活用されているところである。

　「寺院建築の研究」3巻は，文献史料の厳密な批判と考証に加えるに古建築論さらには物質資料としての仏像にも論及し，それを展開したものであり，寺院研究の方法性を明示している。

　博士の研究は，寺院建築の実態を把握するためにあらゆる関連資料を完璧に蒐集し，その資料の具備する性格を踏まえてそれぞれ検討を果した後に総合する，という方法であるが，その考証のいずれもが精緻をきわめている。かかる方法によって論じられる個別寺院の創立問題，あるいは位置の問題，さらには伽藍の構成とその変遷をめぐる問題は一読よくその主張される点が首肯されるのである。

　また，寺院史を探るとき古瓦に注視されるが，その古瓦の年代観についても独自の意見を展開される。例えば，法成寺出土の古瓦の一群を11世紀の様式と理解して，12世紀の六勝寺瓦よりも古く位置づけられた見解などその現われである（下・所収論文）。

　仏像に関する考証も博引精緻であり，その好例を興福寺金堂の弥勒浄土像の源流問題について見ることができる（上・所収論文）。そこでは視点を中国・インドに向け，関連仏典を渉猟されて論及されている。

　以上，簡略に紹介してきた本著作集は，今後における寺院史の研究にとっては勿論のこと，仏教考古学の研究にとっても貴重な基礎的文献として，長く学界に膾炙されることは疑いないところである。

　最後に私事にわたるが，博士とは今から約20年以前に当時の文化財保護委員会による秋田城跡の発掘調査の折に宿舎を同じうする光栄に浴したことがある。宿舎において常に端坐せられ，無躾な若輩の愚問に対しても淡々とお教えを賜わったことが想い出される。

　先生の喜寿をお祝い申し上げるとともにますますの息災を祈念させて頂きたいと思う。（坂詰秀一）

書評

三森定男著

日本原始文化の構造

雄山閣出版
A 5 判 479 頁
8,000 円

　エドワード・モースによる大森貝塚の調査以来，100 有余年を経た今日，日本考古学の発展には著しいものがある。それが大規模な発掘調査による多大な成果，自然科学を含む学際的研究の進展，新しい方法論の導入と探究など，近年の研究成果のもたらす結果であることは，いまさら言うまでもない。しかし，この日本考古学の隆盛が，100 年の間の多くの先学の努力の積み重ねの結果であることも，忘れてはならない。最近の研究のなかには，ともすると研究史を無視するものも少なからず見受ける。自戒の気持も含めて，われわれには，先学の足跡をいま一度振り返って見る必要があるように思われる。

　その意味で，このたび雄山閣出版から刊行された故三森定男教授の論文集『日本原始文化の構造』は好企画と言えよう。ここに紹介する所以である。

　三森定男教授は，1907 年（明治 40 年）に神奈川県横須賀市に生まれ，京都帝国大学で浜田耕作博士の指導のもとに考古学を学ばれた。卒業後，主として縄文文化について精力的な研究を進めると同時に，考古学研究会を主宰し，雑誌『考古学論叢』を刊行して，数多くの清新な論文を世に出された。戦後，1952 年に北海学園大学教授に就任し，人類学・経済学・社会学などを講じられた。1972 年に退職されるとともに，名誉教授の称号を授けられている。その後，健康を害され，薬石効なく，1977 年 1 月 7 日心不全のため東京都文京区において他界された。享年 69 歳であった。

　三森定男教授が考古学研究に心血を注がれたのは，1930 年頃からのわずか 10 年ほどの間に過ぎない。1941 年に，いわばその集大成とも言うべき『日本原始文化』を公けにされたあとは，若干の考古学的業績は見られるものの，民族学や人類学に転じられ，さらに戦後の北海学園大学時代は，経済学や社会学さらに孔子研究に傾斜して行かれた。考古学者三森定男が比較的世に知られていないのも，そのためのようである。

　今回刊行された論文集『日本原始文化の構造』は，三森教授論集編集会の名で企画・編集された。編集会のメンバーは，佐藤長・澄田正一・角田文衛・藤岡謙二郎・毛利久の 5 氏で，いずれも京都帝国大学での三森教授の後輩に当り，『考古学論叢』発刊当時の同志でもある。

　この論文集のタイトルを『日本原始文化の構造』とされたのは，同名の論文が巻頭を飾っていることもあろうが，やはり教授の代表的な著書『日本原始文化』に教授の考古学が集大成されているということを，編集会の方々が強く意識されていたからであろう。

　本論文集の構成は，序説編・総説編・各説編の 3 部から成る。それに，編集会による「序にかえて」と，附録として「三森定男教授略年譜」と「三森教授著作目録」，そして最後に角田文衛氏による「解題」とが加えられて，読者の便に供されている。そのうち，角田氏の「解題」は，5 頁に満たない短いものではあるが，三森教授の 40 年余の朋輩としての温かさと友を失った痛恨の想いとのなかにも，冷静な眼で，その人柄と学問とが簡潔に物語られている。

　収録された 25 編の論文の大多数は，今では入手し難いものであるだけに，教授の業績はもちろんのこと，教授自身を知る上でも，貴重なものと言えよう。論文のほとんどは，1930 年代後半から 40 年代前半にかけての縄文文化の研究に関するもので，他に 50 年代後半に発表された若干の共同体に関するものが加えられている。当時の研究水準と貧弱な資料とに基づいて書かれたものだけに，現在では学史的価値しかないものも少なくないが，いま改めて再読してみると，序説編や総説編に収録された論文における視野の広さと，各説編の論文における資料分析の綿密さには，学ぶべき点が多い。

　先にも触れたように，三森教授はその考古学研究の集大成とも言うべき『日本原始文化』を 1941 年に公けにされてのちは，民族学・人類学へと転じ，さらに戦後は経済学・政治学・孔子研究へと進まれた。こうした不可思議とも思える学問的遍歴は，あるいは教授にとっては，大きな意味での一つの人類学のなかでの遍歴に過ぎなかったような気もしないではない。その初期の業績を収めた本論文集を通じて，そして教授の一生を通じて，われわれは学問や人生に対する真摯な姿勢をうかがい知ることができる。

　「物にはマクロとミクロの二つの様態がある。この二つのうち，究極的にどちらを省いても結果は思わしくない」（『考古学ジャーナル』131，1977）。教授の晩年の言葉である。現在の日本考古学への痛烈な批判のような気もするが，いかがであろうか。

（片岡　肇）

論 文 展 望

選定委員（五十音順敬称略）　石野博信　岩崎卓也　坂詰秀一　永峯光一

鎌田俊昭

前・中期旧石器文化の要件
―宮城県を例として―

考古学基礎論　4号
p. 1〜p. 21

日本旧石器時代の存在が明らかになってから，当然の方向としてその始源研究が始まった。とくに芹沢長介を中心に「前期旧石器」研究が積極的に進められてきたが，いずれも石器そのものや出土状況への疑義などいくつかの観点からの批判があり，今日まで決着がつかなかった。

ところが，近年，宮城県では座散乱木，山田上ノ台，北前遺跡の発掘調査と周辺遺跡の踏査により，前・中期の良好な石器群が発見され，それらの論争に終止符が打たれる見通しを得た。そこで，本論は，そのような石器群から当該期の石器文化であることの要件を導き出そうとしたものである。

要件1の出土層と年代では，不確定であるが，いくつかの傍証よりそれらが3万年を遡ることを予想した。最近，座散乱木遺跡周辺では，熱ルミネッセンス法とフィッショントラック法により4〜7万年前の年代が与えられている。要件2の出土状況によって，いずれも径 1〜2m の遺物集中地点が層理面に貼りついて検出され，当時の生活痕跡が良好に残されていることを指摘した。要件3の各石器文化の連続性と普遍性では，文化にとって不可欠な連続性と普遍性を証明するために，層位的重複関係と遺跡分布から変遷と広がりを求め，さらに全国各地で断片的に発見されていたいくつかの石器群との関連をも指摘した。要件4の石器が石器であることでは，むずかしい手続きを経なくても，条

件のよい石器群では石材や石器製作基盤から人工品であることを容易に判断できうるとした。

これらの要件より，前・中期の石器群が今後各地で発見され，一部の研究者に偏っていた当該期の研究が真偽論争から一歩先に進み，遺跡構造，石器製作，機能論などの諸研究が活発に行なわれることを期待したい。

なお，本論は座散乱木3次調査及び周辺遺跡の資料が分析途中であったために，きわめて不十分なものであった。詳しくは，さる4月に刊行された，『座散乱木遺跡発掘調査報告書III』を参照されたい。
（鎌田俊昭）

後藤和民

縄文時代における
生産力の発展過程

考古学研究　29 巻 2 号
p. 42〜p. 58

縄文時代の生産形態を，植物採集・狩猟・漁撈という概念で抽象的に捉え，それらを一括して「採集段階」としてみても，実質的な意義はない。植物採集にしても，恣意的な自然採集からいきなり灌漑による水田耕作などに「革命的に」飛躍したわけではない。狩猟や漁撈にしても，再吟味してみると，さまざまな道具や技術の開発によって，いくつかの段階的な発展を示しており，その労働形態が単独か集団か共同かによって，それぞれの生産力も大きく変化しているのである。

縄文時代のいかなる時期や地域においても，いずれか一つの生産形態のみで十分な生産力をあげえたとは考えられない。各地域で生産が多様化するとともに，それらが常に複合化し，次第に共同化し，分業化され，やがて特定生産物の

流通化へと発展している。それらの生産力を支えるために，当然その背景にはそれぞれの集落や社会組織が対応していた。

たとえば東京湾東沿岸においては，同じ立地条件にありながら，大型貝塚を伴う遺跡，小型貝塚を伴う集落，貝塚を伴わない集落および集落を伴わない貝塚が共存する。これらの定着性を分析すると，短期継続的定着，短期回帰的占居，長期断続的定着などが一般的である。その中で，従来長期継続的定着と考えられていた大型貝塚を伴う遺跡だけが特殊で，実はこれは長期回帰的占居にすぎず，単独の集落でもない。むしろ，特定区域内の集落群が定期的・計画的に集合し，干貝などの共同生産を行なった結集の場であった。

東京湾沿岸の前〜後期に，すでにそのような共同組織によって，長期間生産力を持続していたという事実に刮目すべきであろう。
（後藤和民）

西谷　正

弥生文化の成立と
無文土器文化

韓国考古学年報　9 輯
p. 22〜p. 26

この論文は，1981 年 11 月 7 日に大韓民国の釜山・東亜大学校で開催された，第 5 回韓国考古学全国大会において行なった講演内容の全文が，そのまま掲載されたもので，原文は朝鮮語である。弥生文化の成立の問題に関連して，北部九州における最近の重要遺跡の調査成果を紹介した後，つぎの諸点について言及した。

まず第一に，菜畑遺跡の調査によって，日本における水稲耕作が，縄文時代晩期後半の山の寺式土器の時期までさかのぼること。

ただし，それは局部的な現象であったこと。第二に，板付遺跡に続いて，曲り田遺跡が発見され，夜臼式土器の段階になると，初期農耕集落が北部九州の沿岸部に点々と線的に広がっていくこと。第三に，今川遺跡の調査結果から，板付Ⅰ式土器すなわち弥生時代の初頭に青銅器が出現していること。第四に，そのような新しい文化要素は，遺構や遺物の対比研究によると，朝鮮半島の無文土器文化，とりわけ直接的には，南岸地方のそれに系譜が求められること。最後に，日本における初期農耕集落の立地が，北部九州の沿岸地帯にあることなども考慮して，水稲耕作を行なう無文土器文化人の小集団が，朝鮮半島の南岸から，対馬・壱岐を経て，北部九州の沿岸部に渡来し，日本の弥生文化の成立にとって，大きな原動力となったこと。そして，こんごに残された課題としては，それではいったいなぜ無文土器文化人の小集団が，危険をおかしてまで対馬海峡を渡って，日本に移住しなければならなかったかということ。この問題を解決する鍵は，紀元前3，4世紀ごろの無文土器文化の内部に秘められていること。　　　　（西谷　正）

間壁葭子

八・九世紀の古墳
再利用について

日本宗教社会史論叢
p. 53～p. 90

古墳が，築造され，一定の使用期間（追葬・祭祀）を終えて後に，再び利用された事例に遭遇することは多い。この場合，再利用の時期も方法もさまざまであるが，その利用形態を見る事で，再利用した当時の社会が，「古墳」を，いかに認識していたかを知ることも可能である。しかし，従来は古墳の状況を，こうした観点から検討した研究はきわめて少なく，古墳再利用の実態さえあまり注意が払

われていないと思われる。

今回は，8・9世紀に限定して再利用の事例を集成し，分布と性格を推測した。その結果，この期の再利用は，主に大和・山城・河内に集中し，しかも，再び墳墓として利用し，祭祀を加えるなどの状況が見られた。この事実は，同期の他の墳墓のあり方から見ても，単に，偶然の使用とか，構造が便利なための使用でなく，古代の墓として，意識した上での利用と見られるものであった。

8世紀といえば，一般には火葬採用による薄葬化，造墓そのものの簡略化の時期であり，「古墳」の示した古い体制と意識を否定した時期と考えられる。しかし，とくに8世紀も末頃からは，『日本後紀』延暦18年(799)の，和気氏や菅野氏などの，氏墓の地の主張にも見られるように，伝統的な氏墓の所有権を主張することが社会的に意味を持つ状勢だったと推定され，『新撰姓氏録』の作成（814年頃）なども，同じ社会的要請の上に立っての事と思われる。

8・9世紀，改めて古い古墳を墳墓として利用した背景の一つには，こうした古い古墳に代弁される「氏姓」を継承する者という主張と同時に，墓域の所有権の主張もあったと思われ，当時，なお古墳は，伝統的な墓として，一定の意味を持ったものと認識されていたと思われる。この点，中世以降の，古墳再利用とは，質を異にしているといえる。　（間壁葭子）

水野正好

竈形—日本古代竈神の周辺

古代研究　24号
p. 1～p. 13

古墳時代後期，住居に造り付けられた竈とは別に，可搬性のある竈がわが国に登場して来る。甑・釜・竈からなるこの種の竈は「韓竈」と文献に記述されるように韓

国を通じて齎らされた文物である。滋賀県大津市の北郊では，古墳時代後期の横穴式石室墳の大多数にこうした竈を摸したミニチュア一竈形が副葬されている。石室自体も穹隆状持送り式，平方正方形に近い玄室という特色ある形制をとり，韓国百済の石室制と通ずる一面をもつ。竈形とこの種石室の分布する地域には文献上漢王室に出自伝承を求める漢人系氏族の集中が確認される。したがって漢人系氏族が韓竈を導入し，竈形副葬の慣行を同族間で流行させているのである。竈形が冥界の「家」を，実用の竈が現世の「家」をめぐる神格として息づいているといえるであろう。

漢人系氏族間で見られた竈形は7世紀に入ると終焉するが，8世紀再び平城京，恭仁京で登場する。畿内に限られた分布，斎串・人形代・人面墨書土器・土馬と共存し溝渠河川から発見されるといったあり方から，前代の竈形とは異なる性格，受容層が浮かび上る。上記の諸資料が祓と関連すると説く私見からすれば，竈形も祓の具であり各種の祓の具が共存することから，単なる祓ではなく「大祓」に係るものと考えるのである。

『本朝月令』の大祓條には竈鬼・竈神の記事をもつ中国の抱朴子，世風記などを引く。抱朴子を繙くと「月晦日，竈鬼上天し家人の犯せる罪状を天帝に報ずる。罪大なれば三百日，小なれば三日，その寿を奪う」とあり，こうした視座から陰陽寮の手で大祓にとりこまれたのである。抱朴子にはこの記事と並び三尸庚申の記事がある。朝廷貴紳の世界に竈神・庚申の祭式が受容される姿が浮かぶのである。庚申信仰は体中の三尸が庚申日天帝に人の犯した罪状を報じるため徹夜してその出身をさまたげることに意がある。竈神も家人の罪過を報ずるだけに徹宵し酒菓を供し祀るといった慣行があったのであろう。
　　　　（水野正好）

文献解題

池上 悟編

◆賀川光夫先生還暦記念論集　賀川光夫先生還暦記念会刊　1982年12月　B5判　418頁
捺型文系文化と磨製石斧
‥‥‥‥‥‥‥‥‥八幡一郎
鹿児島県の曽畑式土器と阿多Ｖ類土器についての一考察
‥‥‥‥‥‥‥‥‥青崎和憲
東九州における縄文後・晩期遺跡の動態―大分県を中心として―
‥‥‥‥‥‥‥‥‥坂本嘉弘
伊予・周防灘東部沿岸における中期中葉の弥生土器―柳井田・天王Ａ式系列の土器について―
‥‥‥‥‥‥‥‥‥岡本健児
大分県・多武尾小銅鐸の系譜
‥‥‥‥‥‥‥‥‥小田富士雄
石矛の提唱―木葉形磨製石製武器について―‥‥‥‥‥下條信行
螺蓋製石斧‥‥‥‥‥三島　格
朝鮮半島の黒曜石について
‥‥‥‥‥‥‥‥‥西谷　正
姫島産の黒曜石とガラス質安山岩の分布について‥‥‥‥清水宗昭
九州産黒曜石の分布―長崎県内の遺跡―‥‥‥‥‥‥中谷昭二
九州産黒曜石からみた先史時代の交易について（一）‥‥‥坂田邦洋
高麗青磁の発生に関する研究
‥‥‥‥‥‥‥‥‥吉岡完祐
対馬の亀卜‥‥‥‥‥永留久恵
東九州地域における近世期の畑作景観について‥‥‥‥後藤重巳
キリシタン新資料について
‥‥‥‥‥‥‥‥‥松岡　史
栃餅と敲石・台石の事例研究
‥‥‥‥‥‥‥‥‥橋口尚武
出雲西部における横穴式石室の形態及び築造工程について
‥‥‥‥‥‥‥‥‥川原和人
西国に遺存する中世の経櫃，経箱，帙布について‥‥‥鏡山　猛
◆札幌市文化財調査報告書 XXV ―S354遺跡　札幌市教育委員会刊　1982年3月　B5判　88頁
札幌市白石区の月寒川の支流である望月寒川の右岸台地上に位置する大正年間より知られた遺跡で

ある。1,200m²の範囲の発掘により，縄文・続縄文時代の墓壙14基とこれに伴う若干の土器，楔形細石刃核・錐などの先土器時代の遺物が検出されている。
◆鴻ノ巣遺跡発掘調査報告書―仙台市文化財調査報告書第44集　仙台市教育委員会刊　1982年12月　B5判　97頁
宮城県のほぼ中央部を占める仙台市のうち多賀城市と接する北部の，東流して仙台湾に注ぐ七北田川右岸沖積面の自然堤防上に立地する遺跡の調査報告で，標高8～9mを測る。範囲は東西600m，南北300mに及ぶが，発掘部分は約2,500m²である。古墳時代中期の周溝墓，中世の井戸，溝跡，土壙などが検出されている。
◆北新波遺跡―高崎市文化財調査報告書第33集　高崎市教育委員会刊　1982年3月　A4判　68頁
群馬県の西部の榛名山の南の利根川の支流である早瀬川の左岸に位置する遺跡である。およそ1万m²の発掘調査により，平安時代の水田址・水路・住居址・土壙・井戸などが検出されている。このうち最大の水田址は50×50mの範囲にわたり確認され，石で構築された畦畔・水路，両側に畦畔を伴う水路などが見出されており，人・動物の足跡も検出されている。
◆関越自動車道関係埋蔵文化財発掘調査報告 XIII　後張遺跡―埼玉県埋蔵文化財調査事業団報告書第15集　埼玉県埋蔵文化財調査事業団刊　1982年3月　B5判　544頁
埼玉県北部の児玉郡児玉町の東流する女堀川南岸に位置する遺跡であり，ほぼ平坦な面に立地している。古墳時代前期から同後期にかけての竪穴住居址188軒，平安時代の住居址2軒，土壙・井戸などが検出されており，豊富な土器

類を主体とする遺物が出土している。
◆山田・宝馬古墳群　山武考古学研究所刊　1982年　B5判　82頁
房総半島の基部，千葉県山武郡芝山町の木戸川上流域の北岸に立地する140基ほどよりなる古墳群であり，うち前方後円墳は12基を数え長さは30～50mを測る。円墳の126号墳と前方後円墳の127号墳の調査報告である。前者は完全に削平され，また後者は高さ1mほどの墳丘しか遺存しておらず，いずれも周溝により規模が確認されている。周溝内より多数の円筒・人物埴輪が検出され，7世紀初頭の構築年代が想定されている。
◆定原遺跡　千葉市遺跡調査会刊　1982年11月　B5判　214頁
千葉県の北部を占める下総台地のうち，東京湾岸から5kmほど内陸に入った千葉市宮野木町の標高24mの舌状台地上に展開した遺跡である。平安時代の竪穴住居址59軒，掘立柱建物址10棟，土壙10基などの遺構が検出されており，多数の土器，若干の鎌・刀子・鏃・釘などの鉄器が出土している。
◆下里本邑遺跡　下里本邑遺跡調査会刊　1982年9月　B5判　348頁
東京の西郊に広がる武蔵野台地のほぼ中央部，東京都東久留米市野火止の荒川の支流黒目川の北岸に張り出した南北長100mほどの舌状台地に展開した遺跡である。先土器時代の遺物は台地先端の2地点にて検出され，その他縄文時代より平安時代に至る遺構・遺物が検出されている。
◆尾崎遺跡　練馬区遺跡調査会・練馬区教育委員会刊　1982年3月　B5判　416頁
武蔵野台地の東縁部の石神井川により開析された谷戸の北岸の標

高 30〜40m の台地縁辺を占める遺跡であり，東京都練馬区春日町にある。2回の調査により弥生時代から近世に至るまでの若干の遺構と，攪乱をうけ出土層位は明確でないものの 284 点におよぶナイフ形石器・ドリル・スクレイパーなどの先土器時代の遺物が検出されている。著名な茂呂，栗原遺跡に隣接する遺跡である。

◆横浜市上倉田遺跡　明治学院大学・戸塚上倉田遺跡調査団刊　1982 年 12 月　B5 判 458 頁

神奈川県東端部の横浜市南部の戸塚区内を南流する柏尾川東岸の上倉田町の狭小な丘陵上に立地する遺跡である。弥生時代中期の竪穴住居址 3 軒，方形周溝墓 1 基，後期の方形周溝墓などの遺構が検出され，該期の土器を中心とする遺物の他に縄文時代早期の遺物も多数検出されている。

◆神明塚古墳―沼津市文化財調査報告書第 29 集　沼津市教育委員会刊　1982 年 3 月　B5 判 45 頁

駿河湾に面する富士市田子ノ浦から狩野川にかけて発達した砂丘上の沼津市域に立地する十数基の円墳とともに形成された横長古墳群中に位置する墳丘長 54m を測る前方後円墳の調査報告である。後円部墳頂は神社境内となっており，かなり削平されている。地表より 50cm ほど下で箱形木棺と想定される幅 3m，長さ 6m 以上と思われる粘土槨が検出され，墳丘・主体部の様相より 5 世紀後半頃の築造と想定されている。

◆朝日遺跡　愛知県教育委員会刊　1982 年 9 月　A4 判 1151 頁

尾張平野の中央部，現在の庄内川の支流五条川の東岸に位置する遺跡で，愛知県西春日井郡清洲町朝日を中心として春日村・新川町・名古屋市西区にかけて広がっており，東海地方を代表する弥生時代の集落跡である。昭和 47 年より 54 年にかけて約 4 万 m² の調査により，竪穴住居址 141 軒，掘立柱建物 9 棟，方形周溝墓 198 基などの遺構が検出されている。時

期により集落，墓域ともに若干の様相の変化をみせるが，方形周溝墓は前期末より後期後葉まで築造されており，群別に土壙墓と一体となり居住地域の外縁に展開している。

◆北小松古墳群調査報告　同志社大学考古学実習室北小松古墳群研究会刊　1982 年 10 月　B5 判 82 頁

滋賀県の西部，琵琶湖西岸に面する滋賀郡志賀町に位置する古墳群の調査報告である。12 基よりなる古墳群の測量を主体とする調査であり，1 基の羨道部分の発掘を含む。すべて横穴式石室を内蔵する径 13〜15m の円墳であり，出土土器類より 7 世紀代前葉の構築と考えられている。

◆富雄丸山古墳・西宮山古墳出土遺物　京都国立博物館刊　1982 年 9 月　A4 判 131 頁

京都国立博物館に所蔵されている 2 古墳の出土遺物の報告である。富雄丸山古墳は奈良盆地の西北部に広がる丘陵地帯に立地する径 86m の円墳で，主体をなす遺物は明治末葉の出土であり，昭和 47 年には墳頂部に粘土槨を有することが確認されている。遺物は鍬形石・琴柱型石製品などの石製品を特徴とするものであり，3 面の三角縁神獣鏡（天理参考館所蔵）とあわせて 4 世紀末葉の組み合わせを示す。西宮山古墳は，播州平野西北部の兵庫県竜野市の揖保川右岸の丘陵山に位置する全長 34.6m の前方後円墳である。昭和 29 年の調査による出土であり，正方形平面の横穴式石室内より鏡片・馬具・装身具・土器類が検出されている。とくに垂飾付きの耳飾りは僅少例として注目される。土器類などより 6 世紀代中葉の所産年代が想定されている。

◆田能遺跡発掘調査報告書―尼崎市文化財調査報告第 15 集　尼崎市教育委員会刊　1982 年 3 月　B5 判 708 頁

50 カ所以上の弥生遺跡の知られる西摂平野の中央東部寄りの猪名川が藻川と分岐して東に流れを

変える地域の北岸に位置する著名な遺跡の昭和 40 年から 41 年にかけての調査の報告である。検出された遺構は弥生中期の住居と墓地および古墳時代前期の墓地である。前者はとくに方形周溝墓よりの首飾りと腕輪の出土，および細形銅剣鋳型の検出などより北部九州的要素の濃厚な点が指摘され，後者は方形周溝墓と木棺墓・木蓋土壙墓の総括として方形周溝墓から周溝によって区画しない墓地への展開が想定されている。

◆吉岡廃寺―岡山県埋蔵文化財発掘調査報告 49　岡山県文化財保護協会刊　1982 年 3 月　B5 判 57 頁

岡山県東南部の吉井川下流域西岸の赤磐郡瀬戸町に位置する白鳳時代創建の寺院跡の調査報告である。従前畦畔に残る礎石と散見する布目瓦により認識された寺院跡に対する発掘調査により，確実な塔跡の把握をもとに塔を西，金堂を東に配する法隆寺式伽藍配置が想定されている。

◆有田・小田部第 2 集―福岡市埋蔵文化財調査報告書第 81 集　福岡市教育委員会刊　1982 年 3 月　B5 判 226 頁

博多湾に注ぐ室見川の開析によって形成された早良平野中央部の福岡市西区に位置する遺跡である。標高 16m ほどの八ツ手状に分岐する長さ 1km，最大幅 0.7km を測る独立段丘上に展開する。すでに市街化しているために小規模な調査の累積で，古墳時代後期の住居址，中世の掘立柱建物などの遺構と若干の遺物を検出。

◆阿志岐古墳群―筑紫野市文化財調査報告書第 7 集　筑紫野市教育委員会刊　1982 年 3 月　B5 判 60 頁

福岡県南西部の筑紫野市に位置する宮地岳の西麓に展開する 53 基よりなる古墳群のうち，B 群 21〜25 号墳の調査報告である。4 基の古墳は一辺 10〜15m の方墳で，割竹形木棺を主体部とする 4 世紀後半から 5 世紀前半代にかけて築造されたものである。1 基

は径15mの円墳で，6世紀末葉の構築になる横穴式石室を内蔵する。

◆考古学基礎論　第4号　考古学談話会　1982年10月　B5判　26頁
前・中期旧石器文化の要件―宮城県を例として―………鎌田俊昭
鎌田：前・中期旧石器文化の要件によせて………加藤　稔

◆栃木県考古学会誌　第7集　栃木県考古学会　1982年10月　B5判　110頁
栃木県における阿玉台式土器の細分………芹澤清八
栃木県における縄文時代の網漁について………上野修一
宇都宮市と多気城………屋代方子
後藤遺跡他出土の石器………岩上照朗・田代　隆
今市市中小代A遺跡出土の新資料………藤田典夫
栃木県立栃木高等学校所蔵の古墳出土遺物について………秋元陽光・斎藤　弘
古江・花神窯跡採集の古瓦について………大橋泰夫・中野正人
河内町上田原出土の中世蔵骨器………木村　等
義煎さんと白山平遺跡………海老原郁雄

◆立正史学　第52号　立正大学史学会　1982年9月　A5判　89頁
中国の仏足石………坂詰秀一
東国横穴墓の一様相………池上　悟

◆大学院紀要　第9号　法政大学　1982年10月　B5判　375頁
横穴式方形礫槨墳の構造とその性格………峯岸章夫

◆信濃　第34巻第10号　信濃史学会　1982年10月　A5判　72頁
富士山麓における表裏縄文土器―山梨・池ノ元遺跡採集の資料を中心として―………堀内　真・宮下健司

◆古代文化　第34巻第10号　古代学協会　1982年10月　B5判　56頁
貯貝器考(下)………梶山　勝

◆古代文化　第34巻第11号
1982年11月　B5判　50頁
施朱の風習の衰退とアマルガム鍍金………市毛　勲
唐代邢窯の発見と日本出土の白磁………寺島孝一・百瀬正恒・堀内明博
中国考古の旅(1)―琉璃河―………西村俊範
滝ノ奥経塚調査概要………神戸市教育委員会

◆古代文化　第34巻第12号　1982年12月　B5判　56頁
京都盆地北部の扇状地………石田志朗
豊浦寺瓦窯の発見―京都府宇治市隼上り瓦窯跡―………松本　宏

◆史林　第65巻第5号　史学研究会　1982年9月　A5判　168頁
井戸考………宇野隆夫

◆文化財学報　第1集　奈良大学文学部文化財学科　1982年3月　B5判　110頁
和泉国大野寺土塔の源流………井上　薫
朝鮮三国時代の弥勒浄土磨崖像………毛利　久
朱昂之筆「呉内荒政冊」………吉原宏伸
笠置曼荼羅の性格………中島　博
福徳―その心の考古学―………水野正好
大園遺跡における古墳時代集落の変遷………丹羽佑一
石刃―先土器時代研究における用語概念の二・三の問題―………山中一郎
須恵器甕の製作技術………植野浩三

◆古代研究　第24号　元興寺文化財研究所　1982年10月　B5判　48頁
竈形―日本古代竈神の周辺―………水野正好
平安宮の園池………東野治之
愛媛県伊豫神社経塚………野口光比古
異体文字雑考(5)………坪井良平
奈良市小輪院出土の常滑焼大甕………西山要一

◆古代学研究　第98号　古代学研究会　1982年11月　B5判　52頁
弥生時代及び古墳時代の水利と水田―西日本を中心として(上)―………正岡睦夫

伝仁徳陵（大山）古墳の幕末"修陵"工事をめぐって………中井正弘
古墳群の構造変遷からみた古墳被葬者の性格(上)………田中晋作
はにわと製作者(上)………赤塚次郎
貝塚研究によせて―ミクロ的調査とマクロ的調査―………後藤和民
シンポジウム・大和弥生社会の評価をめぐって………森岡秀人・石野博信ほか

◆ヒストリア　第96号　大阪歴史学会　1982年9月　A5判　64頁
大阪南部須恵器窯址群と泉北ニュータウン………石部正志

◆考古学研究　第29巻第2号　考古学研究会　1982年10月　A5判　130頁
縄文時代における生産力の発展過程………後藤和民
北関東西部における水田遺構………平野進一
西日本の水田遺構………工楽善通
日本石器時代区分の現状と課題………平口哲夫
防長複合口縁壺の系譜………山本一朗

◆考古学研究　第29巻第3号　考古学研究会　1982年12月　A5判　124頁
北メソポタミアに於けるハッスーナ期の成立………古山　学
神子柴遺跡におけるデポの認識………田中英司
家父長制論序説………大塚　実
大阪に築かれた古墳の総体積と労働力………石川　昇
擦文文化に対する見方………斎藤　傑

◆倉敷考古館研究集報　第17号　倉敷考古館　1982年11月　B5判　145頁
惣田奥4号墳―切妻家形陶棺に火葬骨を蔵した横穴式石室墳―………間壁忠彦・間壁葭子
切妻家形陶棺―7世紀における地方支配形態推測への一資料―………間壁葭子
8世紀における古墳継続使用について………間壁葭子
備前市佐山大城谷北窯採集の小形棺と須恵器………伊藤　晃
中部瀬戸内の前期弥生土器の様相………藤田憲司

学界動向

「季刊 考古学」編集部編

──────── 沖縄・九州地方

2万年前の乳幼児の骨 沖縄県立博物館が1983年1月に発掘した久米島具志川村の下地原（しもじばる）洞穴で発見された化石は，国立科学博物館人類研究部佐倉朔室長の鑑定で1歳くらいの人骨であることがわかった。下地原洞穴は全長約185mの洞穴で，これまでにリュウキュウジカやリュウキュウムカシキョンの化石がみつかり，洪積世末期の遺跡であることがわかっている。骨は大腿骨，肋骨，脊椎骨，鎖骨，肩胛骨，顎骨など約50点で，シカ化石と同一層から出土したことから約2万年前の年代が推定された。また骨質が弱く保存されにくい乳幼児の骨が発見されたのは，洞内でしかも鐘乳石に厚くおおわれていたためとみられる。

奄美大島で縄文後期の人骨 鹿児島県教育委員会が確認調査を進めている鹿児島県大島郡笠利町和野の新奄美空港建設予定地（長浜金久遺跡）で副葬品を伴った縄文時代後期の人骨が発見された。人骨は地表下1.7mの深さに上半身は伸展，膝を屈折した状態で埋葬されており，ほぼ完形を保っていた。推定年齢14～15歳で，性別は不明。右足首の部分にタケノコガイの装飾品があった。隣接するトレンチの遺物包含層から縄文時代後期の嘉徳I式・II式土器片が出土していることから同時代の人骨と推定される。同遺跡からはシャコ貝，ヤコウ貝，マガキ貝などの貝殻や，幾何学文様の施された縄文土器片が出土，さらに竪穴式住居址3基や住居址内に直径50cmの範囲で20cm大の自然礫を数十個積み重ねた石積遺構も発見された。

古式土師器の焼成坑 宮崎市北川内の中岡遺跡で3世紀後半とみられる古式土師器の焼成坑が発見された。宮崎市教育委員会が昨年11月中旬から発掘を進めた結果，広口壺，二重口縁壺，祭祀用のミニチュア壺や坏などが3層から7層にわたって次々出土，原形をとどめる壺が約100点と他に復原可能なものが約100点，破片は数万点以上にものぼった。さらに調査を進めた結果，土器は土壁や炭化した木片とともに土壁及び床面が焼土化した6m×1.5m，深さ約60cmの瓢箪形をした2カ所の窪地に集中，窪地の近くからは精製された粘土塊（高さ約1m，周囲2m）や湧水を利用した長方形の井戸（1.2m×0.8m，深さ1m）も発見された。土師器の大半は大分県の安国寺式土器と同一で壺の口縁部に櫛目文があり，また一部には熊本県の免田式土器もまじっていた。8世紀以降の窯跡は三重県水池遺跡などがあるが，このように古い土師器の焼成坑は初めての例である。

中広型銅矛鋳型片 銅鐸の鋳型片などが出土したことから昨年秋に国の史跡に指定された鳥栖市柚比町の安永田遺跡に隣接する旧ミカン畑から，残存状態の良好な銅矛鋳型片がみつかった。地表下約60cmの土壙内から鉄鎌や土器，須恵器と一緒に出土したもので，長さ24.2cm，幅13.3cm，厚さ7.5cm。材質は銅鐸鋳型片と同じ小城花崗岩に伴う「白雲母アプライト」と思われる。鋳造したと思われる鋳型は関（まち）の部分と刃の一部で，復原長は80cm強あり，中広のタイプ。なお同遺跡からはさる55年に未製品銅矛鋳型片が出土している。

肥前国府跡第8次調査 佐賀県教育委員会は肥前国府跡（佐賀郡大和町久池井）の発掘調査を行なっていたが，東西両脇にあった長棟の南側脇殿，南東隅，北西隅の築地の所在が新たに確認され，これで政庁跡区域と主要な建物配置の全容が明らかになった。その結果，政庁区域は東西約77m，南北約105mで，築地に囲まれた建物の配置は南門，前殿，正殿，後殿が一列に並び，正殿の南側東西に脇殿が2棟，そして正殿に回廊がつくことがわかった。これは大宰府の都府楼に似た配置となっている。肥前国府跡は約800m四方と推定されているが，最近政庁跡の東方約300mで国府に関連した建物や倉庫跡も発見され，今後は政庁周辺の解明が課題となっている。

終末期古墳2基発掘 福岡県鞍手郡宮田町教育委員会は福岡県教育委員会の協力をえて，宮田町倉久の松ヶ元古墳群を発掘，2基の古墳はいずれも前室，後室を有していた。1号墳の石室は全長5m，幅1.5mで，2号墳はこれよりもやや小規模なもの。いずれも盗掘されていたが，副葬品としてヒスイ製勾玉，金環，水晶製切子玉，ガラス小玉，鉄鏃，須恵器などがあった。古墳がつくられたのは6世紀後半と推定され，7世紀中頃まで追葬されていた。

前漢時代の「半両銭」 福岡県教育委員会と糸島郡志摩町教育委員会が発掘調査を行なっている志摩町の御床（みとこ）松原遺跡で前漢時代の通貨「半両銭」が発見された。半両銭はほぼ半分に欠けているが，両の字体から「人字半両銭」といわれるもので，前漢文帝時代の紀元前175年に鋳造されたことがわかった。直径2.4cm，重さ2.1gで，正式通貨としては200年近く使われたとされている。「半両銭」は江戸時代中期に宇部市の海岸で土器の中に入った半両銭20枚と五鉄銭96枚が掘りあてられ，現在宇部市立図書館に保管されている。しかしその後，国内では全く発見されていない。今回の半両銭は先に出土した「貨泉」2枚や弥生時代中期後半ない

99

学界動向

し同後期前葉の土器類と同じ地層から発見された。ほかに大量の鉄器類やクジラの骨，魚貝類などが出土している。

────四国地方

王墓山古墳に豊富な副葬品　善通寺市教育委員会が調査を行なっていた善通寺市善通寺町の王墓山古墳で，横穴式石室の内部から豊富な副葬品がみつかり注目されている。出土したのは大刀2振，金銅製冑，挂甲，鉄製馬具，銅製雲珠，金銅製鈴3点，玉，各種の須恵器などで，とくに冑は18cm×26cmの大きさで，銅板に金メッキされたもの。同墳は全長45mの前方後円墳で，九州に多い石障をもっており，出土品から5世紀末～6世紀の古墳と推定されている。同地域では県道大日線の南側に，西から北原古墳，菊塚古墳，王墓山古墳，北向八幡古墳，鶴ヶ峰古墳，遠藤塚と一直線に前方後円墳が並んでいる。

────中国地方

ジーコンボ古墳群から石銙帯　山口県萩市の沖合約46kmの日本海に浮かぶ見島のジーコンボ古墳群で，金メッキ製の裏金具をとどめた石銙帯が発見された。同古墳群は積石塚で約200基が築かれているが，昨年から続けられている調査で3基を発掘したところ，16号墳（横穴式石室墳）から銙帯の鉈尾，巡方各1，丸鞆4の計6点が成人男子の骨，鏃，刀子，須恵器などとともに発見された。大きさは最大の鉈尾で約6cm×3.5cm，巡方は3.5cm四方，丸鞆は直径3cm。雑石を使っていることから，位階の六位以下の下級官吏と推定されるが，当時の長門国の長官が六位であることから辺境防備の官吏の持ち物ではないかとする説もある。

────近畿地方

東求女塚古墳に周濠　神戸市教育委員会は幼稚園の改築工事に伴う東求女（もとめ）塚古墳（神戸市東灘区住吉宮町）の発掘調査を進めていたが，周濠を有する前方後円墳（全長約80m）であることがわかった。同墳は明治初年に三角縁神獣鏡などが発見され，4世紀前半の前期古墳とみられていたが，今回初の本格的な調査で，幅10mの濠を確認，また前方部が広がっていることから墳形を重視すれば中期の特徴をもつことがわかった。さらに葺石が垂直に並ぶ珍しい例であることも確認された。

籾痕のある縄文土器　近畿自動車道建設に伴い財団法人・大阪文化財センターが発掘調査を行なっている八尾市久宝寺の久宝寺北遺跡で縄文時代晩期終末期の長原式土器の口縁部についた籾圧痕が発見された。今回の調査で出土した土器の大半は突帯文を特徴とする長原式土器で，これに若干の弥生前期土器が混在している。河内平野で縄文時代の稲作の可能性を示す遺物が発見されたのは初めての例。

大塚古墳から武器・武具多数出土　大阪府豊中市桜塚古墳群の中で最大規模の円墳・大塚古墳（直径約56m，高さ約8m）は豊中市教育委員会によって発掘調査が行なわれていたが，5世紀前半の副葬品が埋葬当時のままの配列で発見された。墳丘の中央部に粘土槨におおわれた長さ6.8mの割竹形木棺を検出，西側は盗掘されていたものの中央部は盗掘を免れ，副葬品がほぼ完全に残されていた。出土したのは，青銅鏡1面，襟付短甲2領，衝角付冑，革製草摺合1点，鉄刀10振，鉄剣7振，刀子2本，革製盾1点，勾玉やガラス玉などの玉類134点。とくに

三角板革綴襟付短甲は古墳時代中期に特徴的な様式で，大阪では黒姫山古墳などで出土している。周濠を伴う大塚古墳が同地方で最大級の古墳であることや，副葬品が一級品であることなどから，同古墳の被葬者は豊島連（てしまむらじ）の族長ではないかとみられている。

若草伽藍の西限を確認　59年度完成をめざして進められている総合防災工事に伴う法隆寺（奈良県生駒郡斑鳩町）の発掘調査（奈良国立文化財研究所・橿原考古学研究所）が終了し，同寺の前身とされる若草伽藍の規模と，その焼失から7世紀末の西院伽藍の再建に至る経過が解明された。すでに若草伽藍の北限を示す柵列が発見されているが，さらに今回の調査でその西南で，柱痕をのこす柵列と大溝がみつかった。柵列の下層には若草伽藍の造営で埋められた自然河道がみつかった。柵列は北から西へ20°近くずれ，若草伽藍の方位と一致することから西限を示す柵列と推定された。このため，同伽藍は主要な建物を備えた完成した伽藍だったと考えられ，若草，西院両伽藍併存の可能性はなくなった。つまり，若草伽藍は寺院伽藍としての形を整えた後に焼失，そのあとで現在の西院伽藍が大規模な整地などをへて7世紀末に再建され始めたものらしい。さらに西院伽藍の最終段階の整地に伴う土木工事の際の地鎮具として使われたとみられる「和同開珎」や金箔2片を中に納めた奈良時代初期の土師器坏1組も出土した。

藤原宮跡から平安の出納簿木簡　平安時代初期の荘園の経営状態を示す木簡が奈良国立文化財研究所飛鳥藤原宮跡発掘調査部の調査が進められている藤原宮跡内から発見された。出土したのは橿原市縄手町字ダイゴクボの藤原宮跡西北隅から発見された井戸跡の中で

大小4枚以上に割れていたが、つなぎ合わせると縦98.2cm、幅5.7cm、厚さ5mmで、「弘仁元年十月廿日収納稲事」に始まり、表裏それぞれ8段に計およそ700字が書き込まれていた。弘仁元年（810）の10月から翌年2月20日までの4ヵ月にわたる支出明細を記したもので、同地にあった荘園の管理事務所が記録したいわば出納簿に当たるものらしい。文書の内容から、荘園の規模は3町6反（約3.6ha）であり、反当たりの収穫量は約1石（150kg）で当時としては上田だった、佃とよばれる領主の直営田と地子とよばれる小作田にわかれていた、荘園領主は京に住んでいた——などがわかった。出土木簡は初期荘園の実態を生々しく知ることのできる貴重な史料として注目されている。

長岡京で重複遺構　長岡京市教育委員会が発掘調査を進めている長岡京市長岡2丁目431—1の水田で、奈良、長岡京、平安各時代の建物跡が重なって発掘され、6期にわたる変遷が確認された。発掘されたのは奈良時代の倉庫跡の柱穴16基と邸宅跡の一部の柱穴と柵列、溝、約20年後の住居跡の柱穴10基と溝、長岡京時代の土壙、数年後の住居跡の一部と柵列2、平安時代の住居跡の柱穴9基と柵列。中でも奈良時代の倉庫跡は3間×3間の大きさで一辺約1mの隅丸方形の柱堀方を用いた総柱の建物。官衙的な倉庫の可能性もある。現場は長岡京右京五条二坊十四町に当たり、10年の短命の都にもかかわらず、付近一帯はかなり繁栄した地域と推定されている。

造出しをもつ帆立貝式古墳　滋賀県教育委員会は近江八幡市千僧供町で供養塚古墳の発掘調査を進めていたが、帆立貝式古墳であることがわかった。同墳は江戸時代の寛文2年（1662）と昭和7年に発掘されているが、今回県営ほ場整備事業に伴い発掘調査が行なわれた結果、全長52m、後円部径38m、前方部幅24mで、周囲を幅8mの濠が取り巻いていることがわかった。また後円部は幅8m、奥行4mの造出しをもつ珍しい形式だった。また出土品には古式須恵器や円筒埴輪のほか、馬、鶏、蓋、家形、人物埴輪などがあった。

─────────中部地方

大牧1号古墳から馬具一括　各務原市教育委員会は市内鵜沼大伊木町4丁目の大牧1号古墳を発掘調査していたが、横穴式石室内から組合式石棺や馬具一揃が発見された。石棺は長さ2.4m、幅1.2mの大きさで、屋根は台形でそりをもたせた石3枚を使っている。副葬品は馬具、装飾品、須恵器など数十種類1,000点ほどで、中でも馬具は雲珠、杏葉、鉸金具、鐙、轡、辻金具など約60点あり、多くは鉄地金銅張りだった。そのほか鹿角装刀子や胡籙の飾り金具、須恵器、ガラス玉、金環などが出土した。同古墳は6世紀後半で、直径20mほどの円墳とみられているが、周溝がやや曲っていることから前方後円墳の可能性もある。また付近から小型の積石塚古墳も発見され、須恵器など13点が出土した。

古墳時代中期の水田跡　焼津市西小川の道場田遺跡では区画整理事業に伴う焼津市教育委員会埋蔵文化財調査事務所の発掘調査が進められているが、先ごろ古墳時代前期の水田跡が広範囲にわたって発見された。水田は調査区域約2,500m²から約80枚確認された。大、中、小の3種類で、大は6.8×6.6m、中が4.0×3.5m、小が3.4×3.3mの大きさでほぼ正方形。整然と区画されており、東西、南北には幅2mの農道が走り、畔道（幅15cm、高さ7cm）もは

っきり認められた。同地域は大井川の扇状地で、古墳時代の初めごろ、台風などによる大水で土砂に埋まり、湿田から乾田に変わったらしい。また畔道には幅約20cmの水が流れるような切り込み部分があり、水路を造り取水した形跡が残る。付近の小深田遺跡、小深田西遺跡からは130基の住居跡が発掘されており、水田跡はこの両集落の農地だった可能性が強い。

大平C遺跡第2次調査　静岡県田方郡大仁町教育委員会が第2次調査を進めている同町長者ヶ原の大平C遺跡で縄文時代早期初頭の土器30片が発見された。完形の3割程度の分量しかないため復原は難しいが、口唇上に縄文が施され、口縁部から胴部にかけてやや右下りの施文により帯状の縄文が見られる。口縁はかなり外反しており、底部は丸底に近い尖底となっている。関東の稲荷台式や中部の樋沢式に併行し、東海地方では酒呑ジュリンナ遺跡出土の隆起線文土器の次に位置づけられるという。これまでに縄文時代早期の竪穴住居跡6軒、同時期の集礫土壙70基、同中期の竪穴住居跡2軒、同時期の配石遺構4ヵ所のほか、尖頭器、石槍、打製石斧や撚糸文、押型文、勝坂式、加曽利E式などの土器が多数出土した。

─────────関東地方

縄文中・後期の住居跡339軒　横浜市教育委員会は横浜市緑区川和町と池辺町にまたがる港北ニュータウン内の三の丸遺跡の調査を行なった結果、縄文時代中期、後期の竪穴住居跡339軒、集会所か作業所とみられる長方形に並んだ柱穴跡66棟分、食料貯蔵ピット113ヵ所、墓壙252ヵ所などが確認された。さらに広場とみられる空き地部分を囲むように馬締形に住居跡などが残っており、典型的な集落跡として興味深い。

学界動向

弥生後期の住居跡400軒 君津郡市文化財センターが発掘調査を進めていた千葉県君津郡袖ケ浦町蔵波の金井崎遺跡で弥生時代から古墳時代の住居跡約400軒と，方形周溝墓5基などが発見された。区画整理事業に伴う発掘調査が行なわれたもので，調査面積は1万2千m²。現場は国鉄長浦駅と袖ケ浦駅のほぼ中間にあたる所で，高さ約30mの台地上。住居跡は弥生時代後半久ケ原式期の住居320軒が密集しているのが特徴で，青銅製腕輪やガラス玉，土器などが多数出土した。

古墳から美豆良を結った毛髪 村史編纂を進めている茨城県新治郡新治村教育委員会の依頼で筑波大学考古学教室（増田精一教授）が発掘調査を進めていた新治村上坂田の武者塚1号墳で，古代の髪型である美豆良を結った毛髪や口ひげ，顎ひげがほぼ完全な形で出土した。古墳は周溝のある直径約20mの円墳で，幅3m，奥行2mの横穴式石室が存在し，7世紀後半の終末期古墳であることがわかった。石室内には北を頭にした5体と南枕の1体，計6体の人骨が発見された。人骨は粉々になっていたが，中央の1体の頭部から白髪混じりの長髪の束と，短い口ひげ左右2本，少し縮れた豊かな顎ひげがみつかった。頭髪は古代の男性の髪型である美豆良になっており，出土したのは左側のみだったが，これまで人物埴輪や壁画から想像されていただけで実物が出土したのは初めての例。また人骨の上には麻や絹とみられる衣類らしきものも残っており，さらに詳しい調査が続けられている。なお，副葬品としては銀製飾り金具や鉄製の柄を有する青銅杓，三累環頭大刀・圭頭大刀などがある。とくに冠帯かとも考えられる銀製飾り金具はシルクロードとのつながりをしのばせる忍冬唐草文が浮き彫りにされており，畿内出土のものと同様の高い技術が確かめられる。

古墳，中世の集落跡 熊谷市教育委員会は市内上中条字光屋敷の中条遺跡群で荒川左岸総合パイロット事業に伴う発掘調査を行なっているが，これまでに古墳時代後期の住居跡20軒や中世の墓坑20基，火葬墓2基，井戸跡1基，近世の館跡1址などを発見，大規模な集落跡を確認した。今回調査の対象になったのはおよそ5,000m²で，とくに館跡の北西隅から発見された井戸跡は珍しい石組みのものだった。上部は円形で，底部は1m余の正方形をなし，井戸底中央部には曲物が埋め込まれていた。井戸内には出土遺物が少なく中世ごろのものと推定されるにとどまった。また出土遺物には須恵器・土師器数百点，紡錘車，有孔円板などの石製模造品，土錘，板碑，五輪塔などがあった。

白藤遺跡で42基の群集墳 群馬県勢多郡粕川村膳の白藤遺跡で土地改良事業に伴う粕川村教育委員会の発掘調査が行なわれ，42基の古墳と，古墳の間から長さ約1.5m，幅約50cm内外の礫槨が12基発見された。古墳はすべて円墳で，大きさは直径25mから15m，周溝をめぐらし，榛名山の火山灰層（FA）が確認された。周溝内の出土遺物のうちに長さ約20cmの樽形埴1点が出土しているが，非常に緻密な焼きで，関西地方からの搬入品と考えられている。

―――――――――――――**東北地方**

土師器底部に漆紙文書 山形県飽海郡八幡町大島田の沼田遺跡から，県内で初めて漆紙文書がみつかった。山形県教育委員会庄内教育事務所が圃場整備を前に分布調査をしたところ，1点みつかった土師器の内底に漆がしみ込んだ紙らしいものがこびり付いていたため，東北歴史資料館に鑑定を依頼したところ，平安時代中期の漆紙文書に間違いないことがわかった。さらに赤外線テレビカメラで写したところ，墨書された「有」の文字が浮かび上った。同遺跡は城輪柵跡に近いことから他の部分にも文字が残されている可能性が強いため，解読が続けられている。

払田柵跡から絵馬出土 秋田県仙北郡仙北町にある国指定史跡・払田柵跡で政庁北西部約100mの所にある井戸の掘形埋土から長さ15.1cm，幅2.3cmの木札が発見され，赤外線カメラで撮ったところ，絵馬であることがわかった。表面は笠をかぶり，衣をまとった人物（？）が姿勢正しく馬に乗っている絵で，馬には鞍，尻繋，杏葉もしくは馬鈴らしいものが認められる。また裏面は紋様らしい曲線が描かれ，時代はおよそ9世紀代と考えられる。古代の絵馬はこれまで伊場遺跡など3遺跡から6点発見されているが，今回の絵馬は飾り馬であることに特徴がある。さらに政庁地区から緑釉陶器片も出土した。11世紀のものと推定され，払田柵跡の数多い出土品の中では最も新しい年代が与えられている。

―――――――――――――**学会・研究会ほか**

国史跡に新しく7件指定 文化財保護審議会（小林行雄会長）は3月11日，新たに国の史跡に7件を指定するよう瀬戸山文部大臣に答申した。今回の指定が決定すると国の史跡名勝天然記念物は2,353件となる。

○火箱岩洞窟（山形県東置賜郡高畠町）隆線文土器など日本でも最古のグループに属する土器が出土した縄文時代草創期の遺跡。

○関和久官衙遺跡（福島県西白河郡泉崎村）8世紀から11世紀ご

ろまでの郡庁と穀倉群が一体となって発見された。

○上総国分尼寺跡（千葉県市原市国分寺台）金堂，講堂，尼坊跡など中心伽藍のほか，北東部には雑舎群も発見された。

○見田・大沢古墳群（奈良県宇陀郡菟田野町）前期の古墳群で，割竹形木棺と鏡などの副葬品から古墳の発生と展開を知る手がかりがえられた。

○正長元年柳生徳政碑（奈良市柳生町）室町時代に徳政が施された記念碑。

○菜畑遺跡（佐賀県唐津市菜畑）唐津湾を見下ろす丘陵上にあり，縄文時代晩期末ごろの日本最古の水田跡の１つ。

○古宮古墳（大分市三芳）７世紀後半の古墳で，近畿地方に多い石棺式石室を採用しており，九州では唯一のもの。

　また，同審議会は４月１日，考古資料では次の国宝および重要文化財を指定するよう答申した。

＜国宝＞

○埼玉県稲荷山古墳出土品（文化庁保管）

＜重要文化財＞

○大阪府東奈良遺跡出土鎔笵関係遺物（文化庁）

○三重県神島祭祀遺物（鳥羽市八代神社）

○奈良県額安寺五輪塔納置品（大和郡山市額安寺）

○京都府湯舟坂２号墳出土品（久美浜町）

日本考古学協会第49回総会

４月30日（土）～５月２日（月）にかけて明治大学和泉校舎を会場に開催された。第１日目は午前中，会務報告や新入会員の紹介があった後午後より公開講演会が開催され，新井房夫群馬大学教授の「火山灰と考古学」および大塚初重教授の「古代東国における豪族の性格」が演ぜられた。第２日目は終日にわたって３会場に分かれて次の33件の研究発表があった。

多摩ニュータウンNo.769遺跡の調査………千野裕道・阿部祥人

福井県三国町西下向遺跡の横剥ぎ技法について………平口哲夫・松井　章

大分県代ノ原遺跡におけるナウマン象加工骨の調査……稲田孝司

長野県仲町遺跡出土の縄文草創期の土壙について……実川順一・野尻湖発掘調査団

秋川市前田耕地遺跡…加藤晋平・宮崎　博・関谷　学

取手市小文間における縄文時代中期の貝塚について……宮内良隆

茨城県勝田市三反田蜆塚貝塚調査概要報告……川崎純徳・鴫志田篤二

福島県いわき市薄磯貝塚の調査について………大竹憲治

宮城県中沢目貝塚の調査…須藤　隆・小林和彦・松井　章

東北地方北部の縄文時代のおとし穴について………福田友之

東部極北圏の初期文化と^{14}C測定年代……スチュアート・ヘンリ

遺構の写真測量・解析・………宮塚義人

諏訪市一時坂古墳……宮坂光昭

岡山県楯築弥生墳丘墓の発掘………楯築遺跡発掘調査団

神奈川県横浜市・熊ヶ谷横穴墓群の調査………池上　悟

大阪府下の古墳出土埴輪の産地同定………三辻利一

千葉市・南河原坂第４遺跡における窯跡の調査………武田宗久・野村幸希

加古川市札馬窯の調査………中村　浩

花館ゴマンクボ製鉄跡について………阿久津久

福井県における考古学的調査の成果について………齋藤與次兵衛

兵庫県城山南麓遺跡A地点の発掘調査………森岡秀人

山田寺跡東回廊の調査………佐藤興治・大脇　潔

秋田城跡第36次調査（政庁域）について………小松正夫

埴谷周路館跡の発掘調査………大和久震平・武部喜重・田口成利

摂津豊島郡条里東限の発掘調査………藤原　学

備後寺町廃寺の調査………松下正司・中村芳昭・鹿見啓太郎

飛鳥石神遺跡・飛鳥寺東北隅の発掘調査……木下正史・西口寿生

檜隈寺第４次・藤原宮西南隅・西北隅の調査………土肥　孝

長岡京発掘の現況……中山修一

平城京跡の調査………金子裕之

平城宮推定第１次朝堂院の調査………立木　修

斎宮跡の発掘調査……山沢義貴・谷本鋭次・吉永康夫・倉田直純

東京都港区三田済海寺江戸時代大名墓の調査………鈴木公雄

　第３日目は姥山貝塚や市川市考古博物館など市川市内の見学会が行なわれた。なお，この秋に行なわれる昭和58年度大会は香川大学で開催の予定。

山形考古学会第22回研究大会

　６月18日（土）～19日（日）尾花沢市市民会館において開催された。加藤稔山形大学講師による講演「尾花沢盆地の古代文化」のあと，次の研究発表が行なわれた。

城輪柵遺跡出土の文字資料………小野　忍

お花山古墳群発掘調査概報………山形県教育委員会

天童市塚野目の石棺…川崎利夫

米沢市左沢遺跡の調査概要………菊地政信

　また19日には上の畑磁器窯や陶芸センター兵沢遺跡などの巡検も行なわれた。

▓ 第5号予告 ▓

特集　服飾・装身の考古学

1983年10月25日発売
総108頁　　1,500円

装身の意義と歴史……………………町田　　章
装身の歴史
　　採取の時代…………………………春成　秀爾
　　農耕の時代…………………………岩永　省三
　　大王の時代…………………………千賀　　久
　　律令制の時代………………………佐藤　興治
装身と原始・古代社会
　　縄文〜古墳時代の玉製装身具…藤田富士夫
　　縄文〜古墳時代の布………………小笠原好彦
　　貝・銅製腕輪の系譜………………木下　尚子
　　人物埴輪における服飾……………杉山　晋作
　　耳飾よりみた性別…………………西口　陽一

金銅装身具にみる身分制度……亀田　　博
入墨の意義と性格………………高山　　純
抜歯の意義と性格………………春成　秀爾
考古学の周辺
　　律令時代の衣服規定…………武田佐知子
　　儀礼と装身……………………鍵谷　明子

＜講座＞古墳時代史Ⅴ—
　　5世紀の地域勢力（2）…………石野　博信
　　考古学と周辺科学Ⅴ—民族学
　　　　　　　　　　　　　　交　渉　中
＜調査報告＞真脇遺跡／武者塚古墳
＜書評＞〈論文展望〉〈文献〉〈学界動向〉

編集室より

◆個別的研究を整合し，ひとつの人間社会の断層を提示しようとしたのが，本誌刊行の目的の一要素であったが，刊行してみると私どもが考えている以上に大きな反響があった。情報化社会といわれる今日にあっておびただしい情報は，真の専門家以外にはその情報の質的選別を困難にさせる。そういう意味で本誌の情報は，専門家以外の隣接諸学問の研究家にまで受け入れられるという事態を現出させた。

本誌で第4号になるが，今後とも考古学の多方面にかかわる諸要素をも考慮しつつ企画をたてていきたいと考えている。　　　　（芳賀）

◆旧石器時代というと，まず子供の頃，旧石器人が洞穴の中で暖をとり，また陥し穴にはまったマンモスにまわりから石槍を突きたてている光景を描いた絵本を想い出す。

旧石器時代の遺物といっても，実際には石器や石片，礫が出土するのみで，骨角牙器品が発見されることはまれであり，人骨に至っては絶望的にちかいことといわざるをえない。しかし，岩宿以来の各地における地道な研究が，近年の宮城県地方を中心とする多くの前期旧石器遺跡発見に結びついたといえる。　　（宮島）

本号の編集協力者——加藤晋平（筑波大学教授）
1931年東京都生まれ，東京大学卒業。「マンモス・ハンター」「シベリヤの古代文化」「環境考古学入門」「日本の旧石器文化」「縄文文化の研究」などの著・訳・編がある。

▓ 本号の表紙 ▓

多聞寺前遺跡D区東壁の土層断面

　東京都東久留米市の多聞寺前遺跡では立川ローム上部から武蔵野礫層までが確認されている。ただし，東京パミスを含む武蔵野ローム下部は当遺跡では欠失している。

　写真はロームの鉱物分析および土壌の定性分析のための土壌採取風景である。当遺跡からは第Ⅳ層上部，中部，下部，第Ⅶ層および第Ⅸ層から5枚の主要な文化層が発見され，数的にまとまった良好な資料が検出されている。また当遺跡では泥炭層も発見されており，1万4千年，2万1千年前の^{14}C年代がえられており，古環境復原のための自然遺物が多数発見された。

（鶴丸俊明）

▶本誌直接購読のご案内◀

『季刊 考古学』は一般書店の店頭で販売しております。なるべくお近くの書店で予約購読なさることをおすすめしますが，とくに手に入りにくいときには当社へ直接お申し込み下さい。その場合，1年分6,000円（4冊，送料は当社負担）を郵便振替（東京3-1685）または現金書留にて，住所，氏名および『季刊考古学』第何号より第何号までと明記の上当社営業部までご送金下さい。

季刊 考古学　第4号　　　1983年8月1日発行
ARCHAEOLOGY　QUARTERLY　　　定価1,500円

　　　編集人　芳賀章内
　　　発行人　長坂一雄
　　　印刷所　新日本印刷株式会社
　　　発行所　雄山閣出版株式会社
　　　〒102　東京都千代田区富士見2-6-9
　　　電話　03-262-3231　振替　東京3-1685

◆本誌記事の無断転載は固くおことわりします
ISBN 4-639-00266-1　　printed in Japan

季刊 考古学 オンデマンド版　第 4 号　1983 年 7 月 1 日　初版発行
ARCHAEOROGY　QUARTERLY　　　　　　　　　　2018 年 6 月 10 日　オンデマンド版発行

定価（本体 2,400 円 + 税）

編集人　芳賀章内
発行人　宮田哲男
印刷所　石川特殊特急製本株式会社
発行所　株式会社　雄山閣　http://www.yuzankaku.co.jp
　　　　〒 102-0071　東京都千代田区富士見 2-6-9
　　　　電話 03-3262-3231　FAX 03-3262-6938　振替　00130-5-1685

◆本誌記事の無断転載は固くおことわりします　　ISBN 978-4-639-13004-8　Printed in Japan

初期バックナンバー、待望の復刻!!
季刊 考古学 OD　創刊号～第 50 号〈第一期〉
全 50 冊セット定価（本体 120,000 円＋税）　セット ISBN：978-4-639-10532-9
各巻分売可　各巻定価（本体 2,400 円＋税）

号　数	刊行年	特集名	編　者	ISBN (978-4-639-)
創刊号	1982 年 10 月	縄文人は何を食べたか	渡辺 誠	13001-7
第 2 号	1983 年 1 月	神々と仏を考古学する	坂詰 秀一	13002-4
第 3 号	1983 年 4 月	古墳の謎を解剖する	大塚 初重	13003-1
第 4 号	1983 年 7 月	日本旧石器人の生活と技術	加藤 晋平	13004-8
第 5 号	1983 年 10 月	装身の考古学	町田 章・春成 秀爾	13005-5
第 6 号	1984 年 1 月	邪馬台国を考古学する	西谷 正	13006-2
第 7 号	1984 年 4 月	縄文人のムラとくらし	林 謙作	13007-9
第 8 号	1984 年 7 月	古代日本の鉄を科学する	佐々木 稔	13008-6
第 9 号	1984 年 10 月	墳墓の形態とその思想	坂詰 秀一	13009-3
第 10 号	1985 年 1 月	古墳の編年を総括する	石野 博信	13010-9
第 11 号	1985 年 4 月	動物の骨が語る世界	金子 浩昌	13011-6
第 12 号	1985 年 7 月	縄文時代のものと文化の交流	戸沢 充則	13012-3
第 13 号	1985 年 10 月	江戸時代を掘る	加藤 晋平・古泉 弘	13013-0
第 14 号	1986 年 1 月	弥生人は何を食べたか	甲元 真之	13014-7
第 15 号	1986 年 4 月	日本海をめぐる環境と考古学	安田 喜憲	13015-4
第 16 号	1986 年 7 月	古墳時代の社会と変革	岩崎 卓也	13016-1
第 17 号	1986 年 10 月	縄文土器の編年	小林 達雄	13017-8
第 18 号	1987 年 1 月	考古学と出土文字	坂詰 秀一	13018-5
第 19 号	1987 年 4 月	弥生土器は語る	工楽 善通	13019-2
第 20 号	1987 年 7 月	埴輪をめぐる古墳社会	水野 正好	13020-8
第 21 号	1987 年 10 月	縄文文化の地域性	林 謙作	13021-5
第 22 号	1988 年 1 月	古代の都城―飛鳥から平安京まで	町田 章	13022-2
第 23 号	1988 年 4 月	縄文と弥生を比較する	乙益 重隆	13023-9
第 24 号	1988 年 7 月	土器からよむ古墳社会	中村 浩・望月 幹夫	13024-6
第 25 号	1988 年 10 月	縄文・弥生の漁撈文化	渡辺 誠	13025-3
第 26 号	1989 年 1 月	戦国考古学のイメージ	坂詰 秀一	13026-0
第 27 号	1989 年 4 月	青銅器と弥生社会	西谷 正	13027-7
第 28 号	1989 年 7 月	古墳には何が副葬されたか	泉森 皎	13028-4
第 29 号	1989 年 10 月	旧石器時代の東アジアと日本	加藤 晋平	13029-1
第 30 号	1990 年 1 月	縄文土偶の世界	小林 達雄	13030-7
第 31 号	1990 年 4 月	環濠集落とクニのおこり	原口 正三	13031-4
第 32 号	1990 年 7 月	古代の住居―縄文から古墳へ	宮本 長二郎・工楽 善通	13032-1
第 33 号	1990 年 10 月	古墳時代の日本と中国・朝鮮	岩崎 卓也・中山 清隆	13033-8
第 34 号	1991 年 1 月	古代仏教の考古学	坂詰 秀一・森 郁夫	13034-5
第 35 号	1991 年 4 月	石器と人類の歴史	戸沢 充則	13035-2
第 36 号	1991 年 7 月	古代の豪族居館	小笠原 好彦・阿部 義平	13036-9
第 37 号	1991 年 10 月	稲作農耕と弥生文化	工楽 善通	13037-6
第 38 号	1992 年 1 月	アジアのなかの縄文文化	西谷 正・木村 幾多郎	13038-3
第 39 号	1992 年 4 月	中世を考古学する	坂詰 秀一	13039-0
第 40 号	1992 年 7 月	古墳の形の謎を解く	石野 博信	13040-6
第 41 号	1992 年 10 月	貝塚が語る縄文文化	岡村 道雄	13041-3
第 42 号	1993 年 1 月	須恵器の編年とその時代	中村 浩	13042-0
第 43 号	1993 年 4 月	鏡の語る古代史	高倉 洋彰・車崎 正彦	13043-7
第 44 号	1993 年 7 月	縄文時代の家と集落	小林 達雄	13044-4
第 45 号	1993 年 10 月	横穴式石室の世界	河上 邦彦	13045-1
第 46 号	1994 年 1 月	古代の道と考古学	木下 良・坂詰 秀一	13046-8
第 47 号	1994 年 4 月	先史時代の木工文化	工楽 善通・黒崎 直	13047-5
第 48 号	1994 年 7 月	縄文社会と土器	小林 達雄	13048-2
第 49 号	1994 年 10 月	平安京跡発掘	江谷 寛・坂詰 秀一	13049-9
第 50 号	1995 年 1 月	縄文時代の新展開	渡辺 誠	13050-5

※ 「季刊 考古学 OD」は初版を底本とし、広告頁のみを除いてその他は原本そのままに復刻しております。初版との内容の差違は
　ございません。

「季刊 考古学　OD」は全国の一般書店にて販売しております。なるべくお近くの書店でご注文なさることをおすすめしますが、とくに手に入り
にくいときには当社へ直接お申込みください。